MAXI BIEWER

Ich mach' aus Regen Sonnenschein

EULENSPIEGEL VERLAG

Für meine Zuschauer
und treue Fangemeinde!

Inhaltsverzeichnis

Ein paar Worte vorab ...

Dies ist keine Biografie.

Aber in diesem Buch gibt es viele Geschichten, die mit meiner Biografie verbunden sind und mich auf die eine oder andere Weise geformt haben. Beim Schreiben ist mir etwas aufgefallen, das ich vorher nie in dieser Deutlichkeit gesehen hatte: In meinem Leben gibt es nicht nur eine berufliche Verbundenheit mit dem Wetter, sondern auch in meinem persönlichen Erleben hat es in vielerlei Hinsicht schon immer eine Rolle gespielt.

An dieser Stelle möchte ich alle Liebhaber von Gendersternchen warnen: Es gibt sie nicht in diesem Buch. Stattdessen benutze ich meist die männliche Form, was aber nicht bedeutet, dass ich nicht trotzdem emanzipiert bin. Oder vielleicht gerade deswegen.

Ich wünsche kurzweilige Unterhaltung und vielleicht auch den einen oder anderen Erkenntnisgewinn.

Mit sonnigen Grüßen
Ihre/eure Maxi Biewer

*Mir würde immer
etwas einfallen,
die Dinge wieder
in Ordnung zu bringen.*

Eisige Dinge im Leben und auf der Straße

Ich liebe den Winter und den Schnee – schon seit meiner Kindheit. Alles ist so schön ruhig und weiß (was in der Stadt leider nie besonders lange der Fall ist), alles sieht so friedlich, so neu aus.

Und man muss keinen Badeanzug anziehen, was für pummelige Kinder, wie ich es war, auch in den siebziger Jahren in der DDR nicht schön war. Obwohl es damals noch kein Modediktat großer Firmen, der Werbung oder selbst ernannter It-Girls gab und die meisten Mitschüler die gleichen Dinge wie man selbst hatten, wenn man keine Westverwandtschaft in der Familie aufweisen konnte oder nur eine Tante Erna mit einer sehr bescheidenen Rente, wie in meinem Fall.

Was mir am Winter weniger gefiel, waren die mitunter *sehr* harten Schneebälle, die besonders gern auf kleine Mädchen geworfen wurden, die nicht unbedingt zum populären Kern der Klasse gehörten. Heute würde man von Mobbingopfern sprechen, damals sprach man noch von Außenseitern der Klasse. Diese extrem harten Schneebälle taten nicht nur sehr weh, sondern hinterließen auch für sehr lange Zeit große, blaue Flecke.

Nein, ich gehörte definitiv nicht zum »inneren Kreis« der Klasse. Vielleicht, weil ich die Jüngste und Kleinste in der ersten Klasse war (ich war gerade noch so mit meinem sechsten Geburtstag Ende Mai durchgerutscht), vielleicht, weil ich viel weiter weg wohnte als alle anderen und daher neben einem langen Schulweg auch andere Spielfreunde am Nachmittag hatte als meine Mitschüler. Vielleicht, weil ich schüchtern und zurückhaltend war. Vielleicht auch nur, weil jede Klasse eben genau so einen Mitschüler braucht. Und das war ich. Nein, ich kann nicht behaupten, dass Kinder immer gut und nett sind. Sind sie nicht, oder nicht immer.

Und wenn es kein Schneeball im Winter war, dann sicher ein plötzlich ausgestrecktes Bein in den anderen drei Jahreszeiten, nur für mich. Mehr als die aufgeschlagenen Knie samt kaputter Hose oder Strumpfhose tat es in der Seele weh. Aber im Nachhinein erwies sich jeder Sturz, jeder Schneeball, jede Demütigung als wertvoller Antrieb zur Unabhängigkeit von den anderen und zum Aufbau meines Selbstvertrauens. Solange ich immer noch mich selbst hatte, war die Welt nicht verloren! Mir würde IMMER etwas einfallen, die Dinge wieder in Ordnung zu bringen. Versprochen!

Besonders im Winter gab es nichts Schöneres für meinen Bruder und mich, als wenn unsere Mutter den Holzschlitten nahm, ihren dicken und kuschelig-weichen Nutria-Pelzmantel, ja, in den Sechzigern galt es noch als schick und schicklich, einen Pelzmantel zu besitzen, ihre Lederhandschuhe sowie ihre flachen braunen Winterstiefel aus Nubukleder – und wir uns in unseren dunkelblauen Kunstfellmäntelchen von Tante Erna hinten auf den Schlitten setzen konnten. Eingehüllt in eine Decke, die dunkelblauen Kapuzen auf dem Kopf ging es ab: die Dornröschenstraße bis zum Ende – hier schleiften die Kufen noch gelegentlich geräuschvoll über die Gehweg- und Bordsteine, da doch nicht genügend Schnee gefallen war –, und dann kam der nahegelegene Wald. Keine zehn Minuten vom Haus entfernt erstreckte sich die Mittelheide vom Köpenicker Märchenviertel über viele Kilometer bis nach Berlin-Friedrichshagen.

Der noch frische Schnee knirschte unter den Stiefeln meiner Mutter, der Atem dampfte in der kalten Winterluft, wir waren warm eingepackt, und der Wald stand tief verschneit. Ab und an fiel fast lautlos etwas Schnee von den

Meine Mutter mit ihren kleinen blauen Teddy-Zwergen beim Weihnachtsmann

Zweigen. Mit ein bisschen Glück konnte man auch Fährten lesen, von Rehen, Wildschweinen, Eichhörnchen, die irgendwann den Weg gekreuzt hatten, oder auch Vögeltapsen. Wir fühlten uns bei der Spurensuche plötzlich unseren geliebten Indianern nah, für mich waren das einzigartige Momente des Glücks. Und wenn man dann irgendwann wieder zu

Hause landete, natürlich durchgefroren, war der warme Kakao der perfekte Abschluss eines perfekten Tages.

Leider gab es nicht so viele dieser Wintertage in meiner Kindheit. Das lag zum einen am Winter, der nicht immer so schneereich war, und zum anderen an der begrenzten Zeit meiner in Vollzeit werktätigen Mutter.

Ohne Schnee,
aber in den Mäntelchen
von Tante Erna

Sehr viele Jahre später, ich hatte bereits meinen Führerschein gemacht, der damals noch Fahrerlaubnis hieß, da man in der DDR nichts mehr mit Führern zu tun haben wollte – und sei es auch nur von Fahrzeugen –, war ich der stolze Besitzer eines Trabants. Trabant Kombi, immerhin. Fünfzehn Jahre alt.

Onkel Rudi hatte ihn wieder fahrbereit geschweißt und so ziemlich alles ausgetauscht, frisch und hell lackiert, und nun hatte ich meinen ersten Winter als Autofahrer vor mir. Dass man den Straßenverhältnissen angemessen fahren sollte, hatte ich gelernt. Was das aber im konkreten Fall bedeuten kann, sollte ich wenig später im wahrsten Sinne er-fahren.

Es war eisig und auf den Straßen herrschten winterliche Verkehrsverhältnisse. Dazu gehört eben auch eine vereiste Fahrbahn, besonders im Zusammenspiel mit Ampeln eine spannende Angelegenheit. Diese Ampel gab es auf einer der kleinen Nebenstraßen zur Wilhelminenhofstraße in Berlin-Oberschöneweide. Leider hatte die Ampel gerade Rot, und vor mir befand sich ein großer Müllwagen. Bei der Kälte stand – dem Allmächtigen sei Dank – keiner der Müllmänner hinten auf den Trittstufen, sondern alle saßen im Warmen in der Fahrerkabine.

Ich sah die rote Ampel, sah das Auto und bremste. Aber da es vereist war, rutschte ich mit meinem kleinen Trabi auf genau die linke hintere Trittstufe des Müllwagens. Nein, ich kann nicht behaupten, dass ich die Kontrolle über das Auto gehabt hätte. Ich war aber zumindest nicht sehr schnell aufgerutscht – so weit hatte ich mein Fahrverhalten den winterlichen Straßenverhältnissen angepasst. Aber ich hatte es gut und solide auf die Trittstufe geschoben, denn auch der Rückwärtsgang half mir nun nicht mehr weiter. Ich stieg aus, um mir den Schaden genauer zu betrachten. Genau in diesem Moment aber schaltete die Ampel auf Grün und der Müllwagen fuhr um die Ecke – mit meinem Trabi auf der Trittstufe!

Offenbar hatte ich meinen Wagen so sanft an das Müllauto gehängt, dass man im Fahrerhaus nichts von der zusätzlichen Last meiner kleinen Rennpappe bemerkt hatte.

Also musste ich mich bemerkbar machen, denn der Müllwagen setzte zu einer schnelleren Fahrt an und mein Auto hing immer noch hintendran! Ich sprang hinter dem Müllauto auf die Straße, gestikulierte wild und rief mit der vollen Stimme eines Tenors (die Stimmlage Alt war für mich zu hoch, und so musste ich während des Studiums bei den Tenören mitsingen), der Fahrer möge doch bitte anhalten. Und tatsächlich, der Müllwagen stoppte plötzlich. Stimmtraining hatte ich bereits auf der Schauspielschule gehabt und auch einige Erfahrung bei Freilichttheaterveranstaltungen ohne Mikrofon gesammelt. Die umstehenden Passanten hatten natürlich ihr eigenes Freilichttheater und eine kostenlose Lachnummer auf dem Weg zur Arbeit.

Drei freundliche und beim Anblick des an ihrer Müllkutsche hängenden Trabis sichtlich erheiterte Kollegen der Müllabfuhr halfen mir dann mit vereinten Kräften, mein Auto wieder auf »eigene Beine« zu stellen, wünschten einen schönen Tag und fuhren weiter. Nachdem ich mich vergewissert hatte, dass keine kampfentscheidenden Teile beschädigt oder gar abgerissen waren, setzte ich meine Fahrt, nun noch vorsichtiger geworden, fort.

Der Trabant war nicht unbedingt das wintertauglichste Auto, aber andere Marken, die zum Beispiel dort gebaut werden, wo die Lederhose das Dirndl trifft und Schnee in jedem Winter garantiert auf den Straßen liegt, können sich in dieser Jahreszeit auch nicht besser behaupten.

Wir hatten gerade ein Haus in Montreal gebaut und mein sonst gut vorausdenkender Mann entschied sich für die denkbar schlechteste Variante eines Autos: statt eines Pick-ups oder zumindest eines Vans, in dem man Vielerlei aus den Baumärkten der näheren und ferneren Umgebung schleppen konnte, sollte es ein bostongrüner BMW sein. Ich hatte dieselbe Farbe in Deutschland, die wir beide sehr schön fanden. Nun, im Sommer ist diese Marke kein Problem, bei einem Schneefall von dreißig Zentimetern und mehr stellte sich nun jedoch jedes Mal die Frage, schafft er es – oder nicht? Solche Schneefälle sind in Kanada keine Ausnahme, sondern kommen öfter vor. Aber er hatte das Auto im Sommer gekauft, und vielleicht muss man im

Kontext Mann und Autokauf auch Nachsicht walten lassen! Bei Frauen sind es eben die meist wesentlich günstigeren Schuhe oder Handtaschen oder Make-up oder Klamotten oder Tücher oder Geschirr oder, oder, oder ...

Besonders hellhörig werden wir im Winter in Kanada immer dann, wenn die Meteorologen fünf Zentimeter Schneefall voraussagen. Dann wird es meist ein Vielfaches davon ... *les fameux cinq centimètres*. Wenn es gut läuft, fällt nur das Doppelte.

Eines schönen Wintertages machte ich mich auf, um das beste Kassler in Kanada zu kaufen. Es waren minus zwanzig Grad, und es war traumhaft schön, mit blauem Himmel, strahlender Sonne und das Sonnenlicht reflektierendem und wie aus tausend Diamanten bestehendem Schnee. Ich hatte meinen Mann in seinem Büro in Downtown Montreal abgesetzt.

Der Berufsverkehr war bereits vorbei, und so hatte ich die ziemlich breite Allee Côte-des-Neiges fast für mich. Diese ist an einer Stelle ziemlich abschüssig. Im Winter war sie jedoch auch noch vereist oder zumindest der Schnee ziemlich glatt gefahren ... und ich drehte, wie auf einem Rummelkarussell, eine Runde um mich selbst, während ich bergab rutschte. Ich danke heute noch allen, und ich meine wirklich allen Schutzengeln für ihre Hilfestellung. Denn es gab nicht nur keinen Verkehr und Gegenverkehr, sondern auch dem Bostongrünen und mir ist absolut nichts passiert.

Das Kassler kaufte ich allerdings mit noch immer beschleunigtem Herzschlag. Und mein Mann hat davon auch erst einige Jahre später erfahren, mit sicherem Abstand zum Geschehen.

Jede Frau hat eben ihr kleines Geheimnis.

Solange ich hier Chef bin,
  machst du natürlich
das Wetter.

Wie alles begann

Zu Beginn meiner Wetterfee-Karriere wurde *RTL* vom Deutschen Wetterdienst mit Daten beliefert. Das war 1992. Es gab noch Telex und Fax. Und meist trudelte in der Nacht so gegen zwei Uhr das Fax mit den Temperaturen und dem Rest der Vorhersage ein.

Leider trafen die Faxe nicht immer ein. Es half auch kein Anruf in Offenbach beim Wetterdienst, da außer dem Pförtner offenbar niemand meinen Anruf entgegennehmen wollte oder konnte. Da ich aber ab sechs Uhr, später bereits ab halb sechs, ein Wetter präsentieren musste, war Kreativität gefragt. Nun wollte ich nicht zu kreativ sein und mir das Wetter gar ausdenken, und so war der Teletext von *SAT 1* mit schöner Regelmäßigkeit in informationsloser Nacht mein stiller Helfer.

Schnell die Temperaturen und Symbole abgeschrieben, kleine Änderungen um ein Grad erachtete ich als normkonform, nahm sie aber auch vor, damit niemand meine Schummeleien entdeckte, falls er einen direkten Vergleich anstellen würde. Was natürlich niemand tat.

Jedenfalls hatte ich um halb sechs immer ein Wetter für die Zuschauer. Und es stimmte größtenteils auch.

Nach etwa einem halben Jahr besorgte mir, auf meine Bitte hin, unser Studioleiter einen Meteorologen, der mir die Grundbegriffe der Vorhersage und das Lesen der Wetterkarten etwas näherbringen sollte. Denn aus den ursprünglich geplanten vierzehn Tagen Urlaubsvertretung war nun doch ein permanenter Job geworden.

Natürlich hätte dieser unverkennbar sächsische Kollege, da der DDR-Wetterdienst abgewickelt war, lieber selbst meinen Job vor der Kamera gehabt, statt Taxi zu fahren, und so musste ich ihm die Geheimnisse mehr entlocken, als dass er sie von sich aus preisgegeben hätte. Es hat mir aber geholfen, in den zum Teil schnittmusterähnlichen Wetterkarten Vorhersagen zu lesen.

Nic Jakob, der erste Studioleiter von *RTL* in Berlin, war ein alter Luxemburger und passionierter Pfeifenraucher, ein guter Journalist und unkonventioneller Chef. Eine Traumkombination! Als ich nach den ersten zwei Monaten beim Wetter auf ihn zuging und ihn fragte, ob er mir vielleicht zweihundert Mark leihen könne, da *RTL* noch nichts gezahlt hatte, ich aber sehr wohl laufende Kosten hätte, öffnete er sein Portemonnaie, und der nächste Anruf galt der Entgeltabrechnung in Köln.

Nach etwa einem halben Jahr, wir waren mittlerweile beim Du, fragte ich ihn, ob wir denn nicht mal etwas Schriftliches aufsetzen wollen, so eine Art Arbeitsvertrag. Er guckte mich nur verdutzt an und meinte: »Solange ich hier Chef bin, machst du natürlich das Wetter.«

»Ja, Nic, aber vielleicht bist du irgendwann nicht mehr Chef, und da hätte ich doch gern irgendetwas in der Hand.« So bekam ich nach sechs Monaten meinen ersten schriftlichen Arbeitsvertrag, in dem »Moderation ›Wetterfrosch‹« stand.

Heute weiß ich: Auch ohne Arbeitsvertrag hatte ich bereits eine Festanstellung. Aber damals interessierte sich der Betriebsrat im fernen Köln dafür in etwa so viel wie für den sprichwörtlichen Sack Reis im fernen China.

1992 war ich in den Proben für »Onkel Vanja« von Anton Čechov, oder, wie man im Osten schreibt, »Onkel Wanja« von Anton Tschechow – nur beim Vornamen Anton und dem Onkel vereint sich Ost- mit Westdeutschland. Aber da es eine Westberliner Bühne war, hieß es folglich »Onkel Vanja« von Čechov.

Ein Kollege, der bei *RTL* und *SAT 1* Sprechunterricht erteilte, gab mir während der Proben den Tipp: Bei *SAT 1* würde eine Moderatorin für die 18-Uhr-Strecke gesucht und bei *RTL Guten Morgen Deutschland* eine Wetterfee als Urlaubsvertretung. Das Frühaufsteherprogramm passte besser in meinen Tagesablauf zwischen Vorstellung um zwanzig Uhr in der »Tribüne« und Probe früh um zehn Uhr, und so fiel die Wahl nicht schwer, wo ich mich bewerben wollte.

Außerdem war ich schon immer eine »Lerche«, ein geborener Frühaufsteher, geboren bei Sonnenaufgang. Abends, spätestens gegen einundzwanzig Uhr bin ich dann rechtschaffen müde. Daher kamen bei Freunden bereits während meines Schauspielstudiums Befürchtungen auf, dass ich vielleicht nie den zweiten Akt am Abend überdauern und das Kindertheater mit Vorstellungsbeginn früh um zehn Uhr doch wesentlich besser zu meinem Lebensrhythmus passen würde.

Am Morgen meines Bewerbungsgespräches, ich wohnte wieder einmal bei meiner Mutter im Haus im schönen Berlin-Köpenick, fiel mein Blick auf den Rasen. Es war der 17. Juni 1992, die Natur schon grün, der Rasen erst am Wochenende von mir gemäht, da zeigte sich ein richtiges Herz aus kleinen Wiesenpieperpilzen! Etwa ein Meter im Durchmesser groß, war es buchstäblich über Nacht aus dem Rasen geschossen. Ich betrachtete es als gutes Omen für mein Vorstellungsgespräch und machte mich auf.

Es war ein warmer Morgen, als ich in das Büro des Studioleiters im *RTL* Hauptstadtstudio in der Berliner Rosenstraße eintrat. Natürlich wurde Anfang der neunziger Jahre noch in den Büros geraucht, besonders, wenn Journalisten dort saßen. Aber ich mochte und mag Pfeifengeruch, wirklich. Es hat für mich etwas Behagliches. Keine Zigaretten und schon gar keine Zigarren, aber Pfeife sehr gern.

Und während ich gerade erzählte, was mein beruflicher Hintergrund sei, stürmte plötzlich ein Redakteur ins Büro und erklärte, dass man morgen ein Schwerpunktthema in der Sendung machen werde, da die beiden Entwicklungshelfer Thomas Kemptner und Heinrich Strübig plötzlich aus mehrjähriger Geiselhaft im Libanon entlassen worden waren. Und stürmte wieder raus.

Plötzlich griff der Büroleiter nicht mehr zur Pfeife, sondern zur Zigarette und bot mir auch eine an. Darauf erwiderte ich in schlechtem Arabisch: Nein, danke, ich rauche nicht. Es passte irgendwie zu der Situation, dachte ich.

Ich wollte ursprünglich nach Beendigung meines Engagements an der »Tribüne« nach Ägypten auswandern, um als Reiseleiterin zu arbeiten, und hatte gedacht, es wäre ganz praktisch, schon mal ein paar Worte vorab zu lernen. Aus meinen Ägypten-Plänen wurde aber nichts, und so versandete die Sprache bei mir wieder.

Der Büroleiter fand es hingegen witzig. Wir machten noch ein Casting, der Ordnung halber. Zuerst mit Sport, was absolut nichts für mich war, dann Nachrichten, die wiederum in ihrer Ernsthaftigkeit nicht ganz meiner Frohnatur entsprachen, und eben Wetter. Und Wetter wurde es.

Ich arbeitete die geplanten zwei Wochen als Urlaubsvertretung. Als meine Kollegin zurückkam, bat sie mich, doch einfach weiterzumachen. Sie hätte eine Stelle als Fernsehansagerin gefunden und wollte lieber tagsüber arbeiten.

Ich willigte gern ein. Als Freiberufler nimmt man ja jeden Job gern mit, der so am Wegesrand liegt.

Also ging ich abends zur Vorstellung in die »Tribüne«, legte mich anschließend auf ein kleines Sofa im Studio in der Rosenstraße, denn bis nach Köpenick zu fahren, war zu weit, und setzte mich um zwei Uhr an den Schreibtisch, um mich mit Hoch- und Tiefdruckgebieten zu befassen. Um neun Uhr war *Guten Morgen Deutschland* beendet, es folgte eine kurze Konferenz und um zehn Uhr war ich pünktlich zur Probe für das nächste Stück bei der Vaganten Bühne zur Stelle. Danach ging es nach Hause zum Schlafen und Duschen. Gegessen habe ich, wahrscheinlich, zwischendurch auch mal.

Habe ich erwähnt, dass ich ein Arbeitspferd bin? Ich liebe es zu arbeiten!

Diese Berliner *RTL*-Zeit zwischen 1992 und Herbst 1994 war wunderbar und von großer Kollegialität begleitet. Wir trafen uns nämlich einmal im Monat mit den Kollegen des *SAT1* Frühstücksfernsehens, die ebenfalls aus Berlin sendeten – und es immer noch tun. Natürlich schon um achtzehn Uhr, da wir ja alle wieder früh aufstehen mussten und dann »gegeneinander« im Kampf um die Zuschauergunst antraten.

Das Stück bei den Vaganten kam nie zur Premiere, »Onkel Vanja« hatte Silvester 1992 seine letzte Aufführung – und so blieb für mich nur das Wetter übrig.

Da sieht man: Zwischenlösungen können sehr lange halten, mitunter fast ein Leben lang.

Und nach Ägypten kam ich erst ein paar Jahre später – als Urlauberin auf Tauchtour.

Normalerweise

ziehen sie rasch vorüber ...

Gewitter, Gewitter

Für viele Kinder sind Gewitter ein erschreckendes Ereignis. Es donnert und blitzt, man bekommt zum ersten Mal die Kraft der Natur zu sehen, zu hören, zu spüren und fühlt sich ihr schutzlos ausgeliefert.

Das Erleben und Verstehen dieses elementaren Ereignisses können Eltern sehr behutsam lenken und damit für das restliche Leben beeinflussen.

Wir wohnten in einem Einfamilienhaus aus den dreißiger Jahren im schönen, grünen Berlin-Köpenick und hatten einen recht großen Garten mit hohen Tannenbäumen.

Und natürlich gab es auch dort Gewitter, besonders im Sommer. Oft blieben die Gewitter über dem nahen Müggelsee hängen, mitunter zogen sie aber auch weiter bis in die Mittelheide und in unser Märchenviertel.

Eines schönen Sommergewitters, ich muss so etwa vier Jahre alt gewesen sein, nahm mich mein Vater bei der Hand und wir gingen in den ersten Stock unseres Hauses, in das Schlafzimmer meiner Eltern, von wo aus man den besten Blick in den Himmel hatte. Der Donner grollte und die Blitze zuckten. Das Gewitter stand ziemlich genau über uns. Um mir die Angst zu nehmen, erklärte mein Vater zunächst, dass jedes Haus heutzutage einen Blitzableiter habe und wir drinnen geschützt seien. Auch ein Auto biete solch einen Schutz.

Und dann jubelten wir bei jedem Blitz und Donner. Es schien jedoch auch einige Dinge in der näheren Umgebung getroffen zu haben, denn mitunter krachte es gewaltig. Das waren wahrscheinlich Bäume ohne Blitzableiter. Es war jedenfalls für mich ein großes Fest!

Ich freute mich seitdem auf und über jedes Gewitter. Diese elementare Urkraft der Elemente begeistert mich bis heute, und ich bin meinem Vater sehr dankbar für diese großartige Einführung in die Welt der Gewitter und des Wetters.

Aber ich habe natürlich auch Respekt von diesem Naturereignis!

Als Teenager wollte ich hoch hinaus – in die Berge, ins Hochgebirge, nicht einfach nur in die bewaldeten Mittelgebirge der DDR. Und da es nicht allzu viele Hochgebirge zwischen Ostsee und dem Pirin-Gebirge in Bulgarien gab – die Berge in der Sowjetunion waren auch nicht einfach so zu besteigen –, sollte es der Mussala im Rila-Gebirge werden, mit 2925 Metern der höchste Berg Bulgariens. Es ist zugleich auch der kälteste Ort auf dem gesamten Balkan, und der Gipfel hüllt sich meist elegant in Nebel, was ihn nicht unbedingt zum schönsten Aussichtspunkt macht. Aber ich wollte zumindest hoch hinaus, und die Alpen waren ja keine Option.

Also buchten meine Mutter, mein Bruder und ich Monate im Voraus einen der begehrten Interflug-Flüge von Berlin-Schönefeld in die bulgarischen Hauptstadt Sofia. Eigentlich dürfte es gar nicht Berlin-Schönefeld heißen, denn Schönefeld liegt ja im Land Brandenburg. Nach der Kapitulation 1945 war es deutschen Fluglinien verboten, in Berlin zu landen. Und so war Schönefeld ein Weg, dieses Verbot zu umgehen, und die Interflug hatte freie Startbahn.

Erst am 28. Oktober 1990, und damit nach der deutschen Wiedervereinigung, durfte die Lufthansa nach West-Berlin fliegen, bis dahin war dies nur den Alliierten Airlines vorbehalten.

Die Flüge damals waren noch etwas Besonderes. Es gab keine Sitzreservierung, sondern Familien mit Kindern durften als Erste einsteigen, um sich die besten Plätze zu sichern, und jeder Passagier durfte zu Start und Landung in die zu kleinen Pyramiden aufgetürmten Bonbons greifen, die von der Stewardess gereicht wurden. Das Handgepäck war in den Iljuschin- und Tupolew-Maschinen des Ostblocks wie heute auch über den Sitzreihen verstaut, nur ohne Klappen. Das war nicht nur günstiger, sondern sparte auch unnötigen Ballast, der Pilot konnte ja schließlich vorsichtig fliegen.

In Sofia erwartete uns bereits am Flughafen Christine Harbort, eine vorausgereiste Kollegin meiner Mutter. Handys gab es im Jahr 1981 noch nicht mal ansatzweise, und so fragte sie sich bei den aus dem Sicherheitsbereich herauskommenden Passagieren durch, ob eine Mutter mit zwei Kindern im Flugzeug war, das Mädchen sehe aus wie Schneewittchen (ich trug zu der Zeit zwei geflochtene Zöpfe). Ja! War die Antwort eines Mitreisenden. Und wenig später lagen wir uns in den Armen.

Christine hatte alles gut vorbereitet: ein großes Apartment ihrer Freunde in Sofia erwartete uns, süße und gekühlte Wassermelonen ebenso wie Auberginen. Bis heute denke ich noch immer an Bulgarien, wenn ich im Supermarkt Melonen sehe, auch wenn diese mittlerweile meist aus ganz anderen Regionen der Welt kommen. Aber das Klopfen und Schütteln der Frucht habe ich auf den Märkten in Bulgarien gelernt. Ich wurde dort sozusagen: melonensozialisiert.

Die Busfahrt ins Rila-Gebirge am nächsten Tag verlief problemlos, und dann ging es nach einer Übernachtung in Borowetz am Fuße des Gebirges los, rauf auf den Berg! Zu jener Zeit gab es noch nicht die Annehmlichkeit einer Kabinenbahn, und der Weg musste mit »fair means« zurückgelegt werden, also zu Fuß. Der Fortschritt im Outdoor-Bereich hatte sich in der DDR mittlerweile in Gestalt von aluminiumgestängetragenden Rucksäcken durchgesetzt. Sogar einen kleinen Klappsitz gab es für lange Wartezeiten an der Straße für Tramper oder beim Campen. Leider gab es diese Errungenschaften der sozialistischen Wandergemeinschaft nicht überall zu kaufen. Ich hatte den unerwarteten Glücksmoment in einem CENTRUM-Warenhaus in Neubrandenburg! Eigentlich suchte ich gar keinen Gestell-Rucksack, aber weil er sich mir nun schon so offerierte – und dann auch noch in Blau! –, konnte ich ihn einfach nicht stehenlassen. 215 Mark kostete er – mehr als mein Lehrlingsgehalt, aber wer wusste schon, wann ich wieder einen zu Gesicht bekommen würde?! Also schnell

Der moderne Gestell-Rucksack in seinem ersten Testlauf

An der Mussala-Hütte

einen Freund angepumpt und das Geld auf den Tresen des Kaufhauses gelegt.

Meine Mutter hatte etwas weniger Glück und bekam von unseren Nachbarn eine Art Jäger-Rucksack, der schon einige Jahrzehnte auf dem Buckel hatte beziehungsweise auf dem Buckel getragen worden war, die Lederschließe war jedenfalls bereits ausgewechselt worden. Vielleicht hatte dieser Rucksack sogar schon die Alpen gesehen oder das Riesengebirge, das bis 1945 das höchste deutsche Mittelgebirge gewesen war und die Gipfel des Schwarzwaldes noch um hundert Meter überragt.

Nun hatte meine Mutter allerdings auch die verantwortungsvolle Aufgabe übernommen, die Verpflegung zu tragen. Diese Verantwortung für uns alle trug sie auch im restlichen Leben auf ihren Schultern, und so lag der Rucksack mit der Verpflegung auch irgendwie nahe. Die Konservendosen drückten dabei wohl recht unfein in den Rücken, so dass sie uns bei jeder sich bietenden – und auch jeder sich nicht bietenden – Gelegeneit und Pause –, zu einem kleinen leckeren Schmaus aus einer der Konservendosen überreden wollte. Meist erfolglos, aber wir hatten alle viel Spaß.

Wir kamen schließlich bis zur Mussala-Hütte auf 2400 Metern Höhe. Die heute mittlerweile neu errichtete Hütte hat nichts mehr mit dem gemein, was uns damals erwartete. Besonders das Matratzenlager mit einem unbeschreiblichen Gemisch aus Knoblauch, Alkohol, Schweiß und schnarchenden Menschen trieb meinen Bruder und mich hinaus. Die nicht sehr wärmenden, dafür umso schwereren Baumwoll-Schlafsäcke und unser kleines Zelt waren allemal eine bessere Alternative. Das Zelt hatte den Namen »der schlaffe Willy« erhalten, da offenbar ein paar Stangenteile fehlten und die Zeltwände nicht mehr ganz DIN-konform gespannt werden konnten. So kuschelten sich mein Bruder und ich im Schlaffen Willy vor dem großen Gipfeltag aneinander und versuchten zu schlafen, was in der Kälte nur bedingt gelang, aber zumindest die Luft war atembar.

Der Mussala hüllt sich gern in Wolken und Nebel – da machte auch unser Gipfeltag keine Ausnahme. Nein, den Wetterbericht hatten wir nicht gehört oder gelesen.

Mit großem Eifer und Elan gingen wir an die Besteigung. In Jeans und Volleyball-Schuhen mit einer ziemlich dünnen Sohle. Es waren die frühen Achtziger, und auch im Rest der Welt ging man kaum anders in die Berge. Von Thermo-Unterwäsche, Gore-Tex und anderen Erfindungen der Neuzeit waren wir in etwa so weit entfernt wie von den Rocky Mountains.

Wir belohnten uns auf dem Gipfel mit einem heißen Kräutertee, der wirklich vorzüglich schmeckte, da die Kräuter aus der näheren Umgebung des Rila-Gebirges oder dem Rila selbst stammten. Es gab dort sehr viele polnische

Bergfreunde, die mit uns in lauter Runde den Gipfel feierten. Das war etwas Besonderes. Denn im Sommer 1980 protestierten zunächst die Werftarbeiter in Gdansk unter einem gewissen Lech Wałęsa. Daraufhin wurde die Grenze dichtgemacht, und DDR-Bürger durften nicht einmal mehr nach Polen reisen. Man hatte Angst, dass der Funke der Gewerkschaft Solidarność auch auf die DDR überspringen könnte. Der Kreis, in dem man sich damals als Bürger der DDR bewegen durfte, wurde immer enger. Und so tat es gut, den polnischen Bergfexen zu sagen, dass wir in Gedanken mit ihnen waren und sie die Solidarität auch vieler DDR-Bürger hätten.

Das Wetter drohte umzuschlagen, und da wir nicht wieder absteigen wollten, um am nächsten Tagen noch mal aufzusteigen, beschlossen wir, dass Christine mit meinem Bruder vorgehen und Betten in der nächsten Hütte freihalten sollte. Die beiden waren wesentlich schneller, und ich würde mit meiner Mutter in ihrem Tempo hinterherwandern. Und so kamen nach dem großen Mussala noch der kleine Mussala und weitere Hügel. Der Weg wollte einfach kein Ende nehmen! Meine Mutter war nicht sehr schnell mit ihrem Jäger-Rucksack. Auch der Himmel sah wirklich nicht einladend aus, und dann setzte auch noch Regen ein, der recht schnell in ein ausgewachsenes Gewitter überging. Nein, es gab weder Bäume noch Blitzableiter, die höchsten Erhebungen waren die Berge ... und wir mittendrin. Mittlerweile hatte ich klitschnasse Haare. Als ich mich zu meiner Mutter umdrehte, kam ich aus dem Lachen nicht mehr heraus: auch sie hatte triefend nasse Haare, aber gut zwei Dutzend einzelne Haare standen buchstäblich senkrecht in die Luft! Wie Marionettenfäden. Ich hatte ja die beiden geflochtenen Zöpfe, da konnte dieser Effekt nicht auftreten. Die Luft – und wir – waren derart elektrisch aufgeladen,

Nach dem Gewitter musste alles wieder trocknen

dass es eigentlich nicht zum Lachen war, aber mitunter sind solche Situationen, besonders, wenn sie absurd sind, nur mit Lachen zu meistern. Ja, wir hätten uns hinkauern sollen und warten, bis das Gewitter vorbei wäre, aber Gewitter können im Gebirge oft ziemlich hartnäckig hängen bleiben, so wie das, das uns erwischte.

Meine Mutter und ich erreichten etwa anderthalb Stunden später die nächste Hütte, wo Christine und mein Bruder bereits warteten. Eine lange und heiße Dusche rettete mich vor der Unterkühlung, und als wir die Rucksäcke auspackten, war wirklich alles durchnässt. Fast alles, denn das Toilettenpapier, in einer kleinen Plastiktüte eingepackt, blieb trocken. Leider gehörten auch Plastiktüten zu den ausschließlichen Errungenschaften des kapitalistischen Auslands und waren nicht jedem in der DDR zugänglich – schon gar nicht in der Größe eines Rucksackes! Was bei der Größe der Chemieindustrie der DDR im Rückblick eigentlich kaum nachzuvollziehen ist.

Ich erinnere mich noch lebhaft an meine Lieblings-plastiktüte: eine Levi's-Tüte, lewiies, wie man sagte, nicht Lieweis. Gott allein weiß, wie diese schöne Tüte in meinen Besitz kam, aber ich trug sie mit Stolz in der neunten UND zehnten Klasse. Als zu meinem großen Bedauern irgend-wann, trotz sorgsamster Pflege, doch die Henkel abrissen, wurden diese durch Klebeband, mehrfach umeinander ge-wickelt, ersetzt. Nur weil der Henkel reißt, gibt man doch keine so wunderbare Tüte auf!

All diese Gedanken kamen plötzlich wieder sehr lebhaft zurück, als ich 2015 mit dem *RTL*-Spendenmarathon in Tansania war. Der Wert, auch der ideelle, den ein Kugel-schreiber dort in den abgelegenen Dörfern hat, ein kleines Paar Socken oder eben auch eine Tüte, hat mich sehr an meine eigene Jugend erinnert. Etwas, das schwer zu be-schreiben ist, wenn man es nicht selbst erlebt hat.

Ein Gewitter, das mir auch nach Jahrzehnten noch sehr lebhaft in der Erinnerung durch den Kopf donnert, war ein Sommergewitter an der Ostsee.

Es waren Semesterferien, und die verbrachte ich mit meinem Freund und Puppenspieler Tom in dem kleinen selbst gebauten Holzhaus seines Vaters in Ahrenshoop an der Ostsee. Ahrenshoop liegt auf der Halbinsel Fischland-Darß, einer Landzunge, die die Ostsee vom Bodden trennt oder besser: den flachen Bodden erst möglich macht, wo die Kühe während des Sommers auf kleinen Inselchen stan-den. In dem kleinen Fischerdorf hatten sich schon seit dem Ende des neunzehnten Jahrhunderts Künstler angesiedelt. Das ganz spezielle Licht zu allen Jahreszeiten zog insbeson-dere Maler hierher. Toms Vater war zwar Arzt, malte aber auch sehr gut. Vor allem aber verließ er das Grundstück nur in Ausnahmefällen und reiste auch sonst nie woanders hin. Er war der Meinung, er sei in seiner Jugend genug »gereist«. So hatte er als angehender Medizinstudent 1939 zunächst, wie alle jungen Männer und Frauen, sechs Monate zum Reichsarbeitsdienst gemusst, und als er damit gerade fertig war, brach der Zweite Weltkrieg aus und es ging mit der Wehrmacht weiter. Auf diese Weise kam er nach Frankreich, Norwegen und durch halb Europa und endete schließlich in Stalingrad. Hier wurden kurz vor Schluss noch Medizinstudenten, die dringend benötigt wurden, aus dem Kessel geflogen, und so hat er überlebt. Er wollte aber, wie so viele seiner Generation, nicht darüber reden.

Abgesehen von dem besonderen Licht hat Ahrenshoop auch oft ein besonderes Wetter. Denn während es in dem nur drei Kilometer entfernten Wustrow zum Beispiel regnet, scheint in Ahrenshoop oft noch lange die Sonne.

Es hat etwas Großartiges, wenn man abends, im Dunkel, an der Steilküste steht und in Richtung Dänemark guckt. Damals ging damit auch immer die Sehnsucht einher, diese nahen und doch so fernen Länder einmal sehen zu wollen. Das Einzige, was wir mit unseren Augen besuchen konnten, waren die Lichter am Horizont in klaren Nächten. Und man musste natürlich immer seinen Personalausweis dabeihaben, denn man war ja im Grenzgebiet, und die Posten, die am Strand auf Streife liefen, konnten einen auch danach fragen, um die Personalien aufzunehmen.

Und wehe, man konnte sich nicht ausweisen!

Darf man das jetzt schon selbst? Lautete eine witzige Frage im Volksmund, die auf die ausreisewilligen DDR-Bürger gemünzt war, die zum Teil jahrelang und unter großen Repressalien warten mussten, um den Arbeiter-und-Bauern-Staat verlassen zu dürfen. Diese Frage stellte man also besser nicht an einen Uniformierten, wenn man die

Nacht nicht in staatlichem Gewahrsam verbringen und damit seine Karriere ruinieren, den Studienplatz verlieren und Familienangehörige belasten wollte. Handeln und Reden hatte Konsequenzen.

Bis heute habe ich immer meinen Personalausweis dabei – gelernt ist gelernt.

In jener Nacht aber kam keine Streife, sondern mein Freund und ich gingen zum Hohen Ufer, an der Steilküste, um ein himmlisches Spektakel zu sehen: eine unglaublich lange Gewitterfront zeigte sich dort, wo sonst die Lichter Dänemarks leuchteten. So viele Blitze hatten wir bis dahin noch nicht gesehen. Es war ein wahres Feuerwerk an himmlischer Energie! Wir guckten uns dieses Ereignis etwa eine halbe Stunde an, um festzustellen: das kommt irgendwie in unsere Richtung und auch wir werden in der Nacht wohl das Gewitter abbekommen. Gegen dreiundzwanzig Uhr kamen wir wieder in unserem gemütlichen reetgedeckten Holzhaus an, nahmen alle zusammen, denn auch die Eltern von Tom und sein Bruder samt Schwägerin verbrachten die Ferien dort, einen kleinen Absacker und gingen zu Bett.

Gegen zwei Uhr war das Gewitter sehr nahe, und wir wurden vom Donner geweckt. An Schlaf war nicht mehr zu denken, denn das Gewitter hatte eine solche Wucht entwickelt, dass wir beschlossen, uns anzuziehen und uns alle im Wohnzimmer um den Tisch zu versammeln. Es war ein kleiner Trost zu wissen, dass die allermeisten Bäume höher waren als das kleine Haus – andererseits: Würde einer der Bäume vom Blitz getroffen und auf das Haus niedergehen, wären wir auch nicht unbedingt besser dran.

So saßen wir in unseren Jacken, die Autoschlüssel etwas krampfig in der Hand, um gegebenenfalls schnell flüchten zu können, falls die Situation es verlangen sollte.

Zumindest waren zwei Ärzte unter uns, was irgendwie beruhigend wirkte.

Normalerweise ziehen Gewitter rasch vorüber. Dieses Monster-Gewitter, das uns schon abends von der Steilküste aus betrachtet in Atem hielt, war offenbar genauso von Ahrenshoop angetan wie wir. Es blieb nämlich zwischen Ostsee und Bodden hängen und kam einfach nicht vom Fleck. Ganze zwei Stunden hing es mit seiner Wucht über dem Fischland. Dabei war es so laut und beängstigend, dass wir auch nicht viel redeten und nur dem Donner und den näher rückenden Blitzeinschlägen ehrfürchtig lauschten.

Früh um vier Uhr war der Himmelsspuk endlich zu Ende, und wir krochen, immer noch aufgewühlt durch das Ereignis, wieder in unsere Betten.

Ein anderes, mein Leben veränderndes Gewitter durfte ich in Mexiko im Mai 1996 erleben.

Auf einer zweiwöchigen Rundreise durch dieses wunderbare Land mit seiner langen und bisweilen mystischen Geschichte war keine Pyramide vor meinen Aufstiegen sicher. Wobei der Aufstieg immer das kleinere Übel ist, der Abstieg ist dann die Kunst. Wie beim Besteigen der Berge: Die Kunst ist, heil wieder unten anzukommen! Aber nicht nur die unglaublich reiche und vielfältige Kultur Mexikos beeindruckte mich, auch das Wetter gab sich große Mühe, in nachhaltiger Erinnerung zu bleiben. So sah ich meinen ersten Halo-Ring um die Sonne und nahm es als gutes Omen für den Rest der Reise. Leider reichte mein kleiner Fotoapparat nicht, um den ganzen Ring zu fotografieren.

Nach der Rundreise blieben mir noch drei Tage im Robinson Club Tulum auf der Halbinsel Yucatán zum Erholen. Inzwischen sind die Gebäude durch einen Hurrikan so zerstört worden, dass sich wohl kein Investor finden lässt,

Wenn man nicht die richtige Optik hat ...

alles wiederaufzubauen. So nimmt sich die Natur das wieder zurück, was der Mensch nicht erhalten kann.

1996 erstrahlte der Robinson Club aber noch unter der Sonne Mexikos in seiner ganzen Schönheit. Die Tische im großen Restaurant waren für jeweils acht Gäste ausgelegt, und so kam es, dass neben einem deutschen Pärchen und mir noch drei Kanadier aus Quebec dort Platz nahmen. Wir gerieten alle miteinander in ein sehr lebhaftes Gespräch, und es entwickelte sich daraus eine noch viele Jahre währende Freundschaft und sogar eine Ehe, nämlich meine oder besser: unsere, denn es gehören ja immer zwei dazu.

Davon waren wir an diesem ersten Abend aber noch weit entfernt. Was sich hingegen über dem karibischen Horizont und seinem türkis-blau-grünen Meer abzeichnete, war ein Gewitter. Ein sehr kräftiges Gewitter. Mein zukünftiger Mann und ich waren am Strand, um dem aufziehenden Gewitter zuzusehen, beide mit der gleichen Begeisterung und Faszination für dieses Naturschauspiel.

Die Tatsache, dass er, wie ich auch, Single war und er zudem wie ein Katalysator für mein Englisch wirkte, gaben mir erste, ernstzunehmende Hinweise bei meiner Partnersuche. Vielleicht war es aber auch die Begeisterung für Naturereignisse wie ein Gewitter, die den Ausschlag gab. Jedenfalls hat diese Urlaubsbekanntschaft nun bald Silberhochzeit – natürlich auch nach dem einen oder anderen innerehelichen Gewitter, aber welche langlebige Ehe kommt schon ohne aus? Und in der danach gereinigten Luft lässt es sich auch wieder viel besser atmen.

Am 24. Juni 2016 gegen zwei Uhr zog ein Gewitter der besonderen Art auf. Warum ich das so genau weiß? Nun, es war die Nacht nach dem Brexit-Referendum. Wir waren in Boltenhagen an der Ostsee und lagen mit unserem Segelboot im Hafen der Weißen Wiek. Wir hatten die Nachrichten verfolgt, das Wetter hingegen nicht, da wir am nächsten Tag ohnehin im Hafen bleiben wollten. Wir legten uns kurz vor Mitternacht in unsere Koje. Die erste Tiefschlafphase war gerade vorüber, da weckte uns ein leichtes Schaukeln und das Kling-Klang der Fall-Leinen. Das sind die Leinen, die mit wenig Abstand entlang des Mastes laufen und bei kräftigem Wind eben auch gern an den Mast schlagen. Da ich sehr geräuschempfindlich bin, hatten wir vorgesorgt und alle Geräusche machenden Fall-Leinen mit elastischen Bungee-Cord-Seilen weit genug vom Mast entfernt gespannt. Andere Segelboote haben dies meist nicht, und dann kann es laut werden und die Nacht ziemlich lang. So hörte es sich mit nur etwas Phantasie an, als wäre eine ganze Kuhherde in den Schweizer Alpen mit ihren Glocken um den Hals, im vollen Galopp, bergab unterwegs. Offenkundig hatte der Wind deutlich aufgefrischt. Wir schalteten unsere Instrumente zur Messung der Windgeschwindigkeit

Eine Hochzeit im engsten Kreise und ohne Aufwand

an sowie das Radar, um zu sehen, wo sich die Gewitterzelle oder Front befindet. Das versprach interessant zu werden! Nun hörten wir nicht nur den Donner, sondern sahen auch die Blitze und die Gewitterfront auf dem Radar. Es war inzwischen taghell geworden, denn ein Blitz jagte den nächsten. An Schlaf war gar nicht mehr zu denken, und so erfuhren wir mit »Blitz und Donner« von der Brexit-Abstimmung im Radio. Potz Blitz! Die Gewitter und Blitze krachten wild durcheinander, der Windmesser zeigte Böen mit achtzig Knoten, das sind hundertachtundvierzig Kilometer pro Stunde. Die Gewitterfront kam indes nicht von der Stelle. Dieses himmlische Feuerwerk dauerte fast eine Stunde, bevor es langsam abzog.

Meine Liebe zu Gewittern wird sich in diesem Leben wohl nicht mehr ändern. Aber wenn ich im Leben bislang vom »Blitz getroffen« wurde, dann war ein Gewitter am Himmel nie zu sehen. Möge es so bleiben!

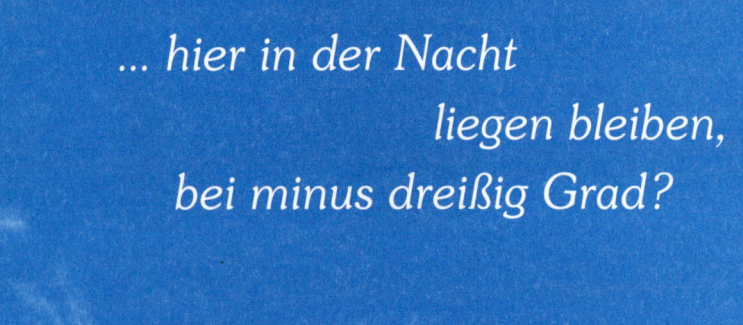

... hier in der Nacht
        liegen bleiben,
bei minus dreißig Grad?

Todesangst

Es war während meiner Studienzeit, als es gleich drei besonders kalte Winter hintereinander gab: 1984/85, 1985/86 und 1986/87. Das ist jetzt nicht der Verklärung durch das Alter geschuldet, wie etwa, dass es früher zu Weihnachten immer weiß war – und da gab es in der Tat auch noch echtes Lametta am Baum –, sondern es waren drei Winter hintereinander mit etlichen Kälterekorden, belegt mit Messungen, ganz unabhängig von meiner Erinnerung.

Ich war stolze Besitzerin eines Trabi Kombi und nutzte diesen natürlich auch für Fahrten ins Umland und um Freunde zu besuchen.

Eine gute und mittlerweile langjährige Freundin war und ist die Schauspielerin Anne Kasprik. Und wenn ich Kleinmachnow höre, dann denke ich: Anne!

Wir studierten zusammen an der Schauspielschule, drehten den Klassiker *Sachsens Glanz und Preußens Gloria* zusammen, und als sie, der Liebe wegen, später nach Köln zog, war sie die beste Racletteköchin, die ich kenne! Es gab bei ihr immer Raclette. Ich liebe es! Womit wir wieder beim Winter sind.

Mein damaliger Freund und ich wollten unsere Kommilitonin Anne besuchen, die auch damals schon in Kleinmachnow wohnte. Zu DDR-Zeiten war das fast eine kleine

Weltreise, da man den Westteil Berlins umfahren musste. Man hatte die Wahl, die etwas längere und ba-bum, ba-bum holprige Autobahn zu nehmen oder die etwas kürzere Landstraße.

Nach einem wirklich sehr gemütlichen Abend wollten mein Freund und ich kurz nach Mitternacht wieder nach Berlin zurückfahren. Es waren knapp dreißig Grad unter Null. Laut Vorhersage im Radio sollte es die kälteste Nacht des Winters werden.

Nach kurzer Überlegung setzte sich das Argument durch, auf der Autobahn könnten wir etwas schneller über die winterlichen Straßen fahren als auf der Landstraße, und vielleicht schaffte es das Gebläse sogar, den Innenraum ein kleines bisschen zu heizen.

In dickem Wintermantel, mit Handschuhen und Mütze setzten wir uns in meinen Trabant und fuhren los, nicht ohne vorher die kleinen Scheiben freizukratzen. Natürlich beschlug das Ganze beim Fahren dann von innen, und es bildete sich eine dünne Eisschicht innen an der Windschutz-scheibe. Leider wurde es – trotz Autobahn – nichts mit dem Heizen, dazu war es wohl doch etwas zu eisig. Stattdessen fuhren wir einsam auf der Autobahn in dunkler Nacht in Richtung Berlin. Außer uns war niemand unterwegs, auch nicht auf der gegenüberliegenden Fahrbahn.

Etwa zehn Kilometer vor der Abfahrt am Kreuz Schöne-feld schien sich der Trabi irgendwie verschluckt zu haben, jedenfalls geriet der Motor ins Stottern. Auch das Gaspedal im Leerlauf durchzutreten half nicht weiter. Er stotterte und das immer mehr. Ich hatte Angst. Was, wenn wir jetzt hier in der Nacht liegen bleiben, bei – minus dreißig Grad? Um zwei Uhr nachts kam niemand so schnell vorbei. Wir waren ja die Einzigen weit und breit. Plötzlich hörte das Stottern auf – und der Motor ging aus.

Wir rollten nur noch. Ich schickte Stoßgebete in den Himmel! Bitte, nicht heute Nacht. Ich möchte nicht erfrieren. Ich möchte noch nicht sterben!

Wir hofften, dass der Trabi noch viele Kilometer weiter rollen möge, wussten aber auch, dass das nicht der Fall sein würde. Wir sprachen nicht viel. Jeder war in seinen Gedanken. Vielleicht hatten wir auch Angst, dass wir mit unseren Worten das Auto von seiner Aufgabe vorwärtszukommen ablenken könnten.

Der Trabi wurde immer langsamer und langsamer, fuhr nur noch im Schritttempo und ... plötzlich tauchte in der Dunkelheit ein Schild auf, das schöner nicht hätte sein können: Schönefelder Kreuz 2000 Meter.

Dann blieb der Trabi unwiderruflich stehen.

Wir stellten das Auto auf dem Seitenstreifen ab, stiegen aus und marschierten weiter geradeaus die Autobahn entlang. Autos kamen ja keine. In weniger als zwei Kilometern würde ein Wachturm der Nationalen Volksarmee stehen, der garantiert besetzt war.

Wir spürten die Kälte, besonders im Gesicht, aber da die Rettung nun so nah schien, waren wir voller Freude: Wir würden auf Menschen treffen, wenn auch in den Uniformen der NVA, die uns vor dem sonst sicheren Kältetod retten würden.

Völlig durchgefroren am Fuße des Wachturms angekommen, hämmerten wir gegen die Tür.

Ein junger Bursche in Uniform öffnete die Tür und bat uns nach oben, wo uns ein weiterer junger Soldat erwartete. Dort bekamen wir erst einmal einen heißen Tee und waren sehr froh, uns etwas aufwärmen zu können. Endlich war die Armee zu etwas nütze!

Höchstwahrscheinlich haben die beiden Jungs gegen alle Vorschriften verstoßen, aber wir waren ihnen mehr

Zwischen Vergangenheit und Neuzeit. Da stehe ich zwischen einem
Trabi Kombi in »meiner« Farbe und meinem damaligen BMW Cabrio
in Bostongrün

als dankbar. Nach etwa zwanzig Minuten wärmender Tee-
pause ging einer der beiden mit meinem Freund zurück
zum Trabi, und zusammen schoben sie ihn bis zum Wachturm.

Und ich war froh, ein Mädchen zu sein und im warmen Wachturm bleiben zu können. Natürlich war es für die
Wachhabenden verboten, sich vom Wachturm zu entfernen,
gar nicht zu reden davon, dieses militärische Objekt zur
Tee- und Wärmestube für frierende Pannenopfer umzu-

funktionieren, aber in dieser kältesten Nacht des Jahres siegte die Menschlichkeit über die Vorschriften.

Die Jungs fanden heraus, dass die Zündkerzen wohl vereist sein müssten. Das erklärte auch das Stottern. Also wurde den Zündkerzen etwas eingeheizt, und wir konnten unseren Weg und die letzten paar Kilometer, nun schon in Berlin, fortsetzen.

Dieses Erlebnis führte mir vor Augen, wie schnell im Leben die Dinge von »Abenteuer« in »Lebensgefahr« umschlagen können.

... in die Haare,
die Ohren, die Augen,
unter die Fingernägel
und weiß Gott noch wohin!

Operation Desert Storm

Solange ich denken kann, wollte ich nach Ägypten, faszinierte mich diese Kultur.

Viele Bücher über die Zeit der Pharaonen gab es nicht in der DDR. So verschlang ich als Teenager förmlich ein kleines Buch des Orientalisten Heinrich Schäfer aus dem Jahre 1931 über die Amarna-Kunst des Echnaton, das mir in die Hände gefallen war. Oder um genauer zu sein: Die Garderobiere im Theater meiner Mutter hatte es in meine Hände gelegt, um meinen Wissensdrang zu befrieden.

In der DDR gab es, Gerüchten zufolge, nur alle paar Jahre einen Studienplatz für Ägyptologie an der Humboldt-Universität zu Berlin – wie viele Ägyptologen brauchte die DDR schon für den Aufbau des Sozialismus? Das war die entscheidende Frage, und die kann sich jeder schnell selbst beantworten. Von Reisen nach Ägypten ganz zu schweigen, denn die kosteten harte Devisen, die der Staat nicht hatte oder dafür nicht ausgeben wollte. Doch das war gar nicht so sehr der Punkt. Mir hätte es schon gereicht, im Museum zu arbeiten.

Ich war zudem weder gut genug in meinem Abitur mit Berufsausbildung zum Elektronikfacharbeiter, noch war ich in der Partei, die laut einem bekannten Liedtext immer recht hatte. So gab ich mich keiner Illusion hin: Diesen Studienplatz wirst du nicht bekommen.

Einige Jahre später, die Mauer gab es nicht mehr und ich arbeitete als Tresenkraft eines Café-Bistros im Westteil Berlins, traf ich auf eine Kellnerin in meinem Alter, mit der ich mich etwas anfreundete.

Ich fragte sie, du bist doch Studentin, was studierst du eigentlich? Da du ja jeden Tag hier arbeitest, kann es doch nichts Aufwendiges sein? Ihre Antwort war ebenso kurz wie überraschend für mich: Ägyptologie. Mir fiel bald die Kaffeetasse aus der Hand: WAS? Und da kellnerst du hier jeden Tag, statt in der Uni zu sitzen? Warum tust du das?

Ich verstand die Welt nicht mehr! Da hatte jemand solch einen wunderbaren Studienplatz und ging stattdessen kellnern ... Für mich selbst hatte ich den Lebensabschnitt Studium abgeschlossen, da ich ja bereits ein Diplom als Schauspielerin in der Tasche hatte und nun endlich ins Arbeitsleben der Erwachsenen vordringen wollte. Immerhin war ich schon Mitte zwanzig!

Während dieser Zeit reiste ich viel mit meiner Mutter, denn der Koch unseres Etablissements, Chubzi, genannt das Brot, arbeitete auch noch in einem Reisebüro, natürlich nicht als Koch, sondern dort verkaufte er Reisen. Und seine Reiseangebote waren so verlockend, dass ich sie einfach nicht ausschlagen konnte. Das war meine Definition eines Work-and-travel-Programms mit den Schwerpunkten Arbeiten in Berlin und Reisen in den Rest der Welt.

Ein unschlagbar günstiges Angebot hatte er für uns im November 1990 für Ägypten. Geschichtskundige werden nun sagen, Moment mal, war im August 1990 der Irak nicht gerade in Kuwait einmarschiert? Richtig, es war die Zeit der Golfkrise, und alle Welt erwartete einen Kriegsausbruch. Genau, und deshalb war der Preis ja auch so günstig.

Meine Mutter und ich beschlossen – nach Abwägung des Risikos, da das Land der Pharaonen doch etwas abseits der vermeintlichen Schusslinie Irak-Kuwait lag und wir ja nur zwei Wochen bleiben wollten – bei Chubzi, dem Koch, zu buchen. So günstig, dachten wir, kämen wir sonst nie wieder nach Ägypten.

Damit allerdings hatten wir, wie wir bei Antritt der Reise bemerkten, doch so etwas wie ein »Alleinstellungsmerkmal« gebucht, da unsere Reisegruppe nur noch von einem jungen Mädchen aus Cottbus komplettiert wurde. Sie war offenbar von ähnlichen Überlegungen ausgegangen.

So eine kleine Reisegruppe konnte man problemlos auch mit dem Auto nach Alexandria schicken. Man wollte uns anscheinend das volle Programm liefern, als wir plötzlich eine Reifenpanne in der Libyschen Wüste hatten. Es war aber November und nicht Mitte August, daher war es zwar warm, für unsere Gefühle Hochsommer mit knapp dreißig Grad, aber eben nicht brüllend heiß wie zu anderen Jahreszeiten. Der Fahrer war seinerseits gut gewappnet und hatte zumindest einen Reservereifen dabei. So war diese Panne mehr ein Spaß denn ein Abenteuer.

Meine Mutter bekam ein paar Tage später das freundliche Angebot, mich zwecks Hochzeit gegen mehrere weiße Kamele einzutauschen, aber was sollte sie mit all den Trampeltieren in ihrem Garten in Berlin? Wir entschieden, dass es praktischer wäre, mich wieder mit nach Hause zu nehmen – auch wegen der Gartenarbeit, die ich mit Leidenschaft betrieb.

Es war November. Und was fällt jedes Jahr, unabhängig vom Gang des Kalenders, in diesen meist tristen Monat? Richtig! Der Beginn des Karnevals, der Faschingszeit oder wie man sonst noch sagen oder feiern möchte. Und da ist es ganz egal, ob man sich in Köln mit Kostüm, geschminkt oder auch nur mit Pappnase auf dem Alten Markt versammelt, ob in Berlin oder eben in Ägypten, und sei es auf einer Fähre auf dem Nil.

Meine Mutter und ich, noch unkundig des närrischen Treibens und ziemlich genau noch vier Jahre von meiner Wohnsitznahme im Rheinland entfernt, waren, um es freundlich auszudrücken, etwas verwundert wegen des seltsamen Gebarens einiger deutscher Landsleute mitten auf dem Nil am helllichten Vormittag, kurz nach elf Uhr. Schließlich waren wir ja nach Ägypten gereist, um uns die Kultur dort anzusehen. Aber welche kulturelle Wucht dieser Brauch entfacht, konnte ich zu der Zeit noch nicht mal andeutungsweise erahnen.

Vielleicht sollte ich hier besser nicht erwähnen, dass ich bei Assuan aus dem Wasser des Nils getrunken habe. Natürlich nicht vom Ufer, wo sich die kleinen Würmer gern in die Fußsohlen bohren, um ihren Weg durch den Körper fortzusetzen, sondern aus der Mitte, während einer Feluka-Fahrt. Feluke oder Feluka werden die seit der Pharaonen Zeiten dort schippernden kleinen, mit zwei Masten versehenen Segelboote genannt. Die Legende besagt, wer aus dem Wasser des Nils getrunken hat, kehrt immer wieder nach Ägypten zurück. Das war mein Wunsch und Ziel. Ich wurde als Einzige unserer kleinen Reisegruppe im Übrigen nicht krank und vom »Fluch des Pharaos« verschont. Und in der Tat kehrte ich ein paar Jahre später wieder zurück nach Ägypten – zum Sinai, aber das ist eine andere Geschichte.

Endlich wieder in Kairo angekommen, stürmten wir schon am nächsten Tag mit einem kundigen Reiseführer an und vor allem auch in die Pyramiden. Nun, Platzangst ist dort fehl am Platze. Der Weg bis in den Innenraum ist nur mit dem Körper im Neunzig-Grad-Winkel zu meistern, und den Kohlendioxidgehalt möchte man auch besser nicht messen. Schließlich gelangt man in den leeren Innenraum, und zumindest mich hat die schlichte Nüchternheit auch etwas ernüchtert.

Wir fuhren weiter nach Sakkara. Unsere kleine Dreier-Reisegruppe brauchte keinen großen Reisebus. Ein Kleinbus war mehr als großzügig ausgelegt für uns.

Kaum waren wir ausgestiegen, um uns das Wunderwerk der Stufenpyramide genauer anzusehen, da drängte uns der Touristenführer auch schon wieder, in das kleine Büschen einzusteigen. Diese Hetzerei fanden wir etwas übertrieben.

Als wir jedoch den Blick etwas weiter zum Horizont schweifen ließen, trauten wir unseren Augen kaum: Da kam aus der Ferne eine riesige bedrohliche, schwarze Wand auf uns zu. Ein Sandsturm, wie der Führer erklärte, aber eigentlich war diese Kulisse selbsterklärend. Beeindruckend, gewaltig und zugleich Zeit und Raum überspringend, da solche Naturereignisse hier seit Jahrtausenden stattfinden und gerade beim Besuch von Orten, die nach Jahrtausenden zählen, kaum besser hätten eintreffen können.

Meine Mutter und ich hatten natürlich noch nie einen Sandsturm erlebt und fanden es aufregend. Das Foto entstand, wenn auch schon mit etwas geschlossenen Augen, noch wenige Minuten bevor es dunkel wurde, der Reiseführer drängte uns, mittlerweile schon ziemlich unruhig, in den Kleinbus.

Die Stufenpyramide von Sakkara hat sicher schon unzählige Sandstürme erlebt und sieht noch immer majestätisch aus.

Ganz so majestätisch sahen wir nach dem Sandsturm nicht mehr aus. Kaum hatten wir den Kleinbus erreicht, verdunkelte sich auch schon der Himmel, als wäre gerade die Nacht über uns hereingebrochen. Wir folgten der

Sandsturm in Ägypten: Es liegt was in der Luft ...

Anweisung des ortskundigen Reiseführers und steckten den Fotoapparat ganz nach unten in den Rucksack, um ihn vor den Sandkörnern zu schützen. Der Kleinbus wackelte beunruhigend unter dem plötzlich aufkommenden Sturm.

Solche Sandstürme entstehen, wenn sehr unterschiedliche Luftmassen aufeinandertreffen, in dem Fall ziemlich kalte Luft aus dem Norden Europas einen Vorstoß weit nach Süden unternimmt, über das Mittelmeer bis nach Libyen oder Ägypten vordringt und dort auf die heiße Luft über der Wüste trifft.

Wir saßen nun in dem Kleinbus, wurden durchgeschüttelt von dieser dunklen, staubigen Luft, und natürlich ließen zahlreiche Sandkörner es sich nicht nehmen, auch bis ins Innere des Busses vorzudringen. So dicht kann kein Fahrzeug sein, dass diese Sand- und Staubteilchen, getrieben von dem Sturmwind, einfach nur am Autolack entlangstreifen, nein, sie wollen rein! Und sie setzen sich in die Haare, die Ohren, die Augen, unter die Fingernägel und weiß Gott noch wohin!

Noch Tage später fanden wir Sandkörnchen in allem, was wir an diesem Tag dabeihatten. Und wir saßen im doch recht gut geschützten Bus! Wie muss es sich dagegen draußen anfühlen, ungeschützt auf einem Pferd, einem Kamel oder zu Fuß? Auf dieses Peeling-Feeling kann wohl jeder gern verzichten.

Das war unsere *Operation Desert Storm*, die der alliierten Truppen zur Befreiung Kuwaits von der Armee Saddam Husseins erfolgte ein paar Wochen später im Januar 1991, aber da waren wir längst schon wieder in Berlin, ohne weiße Kamele.

... auch mit der Bahn
        kommt man ans Ziel.

Bahnfahren – eine Welt für sich

Ich liebe es nicht nur zu fliegen, auch Bahnfahrten haben es mir angetan. Nein, ich möchte hier nicht auf die Unzulänglichkeiten der Deutschen Bahn eingehen, die Verspätungen, die nicht angehängten oder nicht funktionstüchtigen Speisewagen, die selten stimmende Wagenreihung (ich weiß, es fehlen die Rangierlokführer) und was es derlei noch mehr gibt.

Es begeistert mich noch immer, wenn ich am Mittelrhein entlangfahre und der Morgennebel tief über dem Fluss hängt, während die Burgen weiter oben schon von der Morgensonne begrüßt werden. In solchen Momenten bin ich mir des Lebens bewusst, der Schönheit der Natur – selbst, wenn ich sie nur aus dem Fenster des Zuges betrachte – und bin in großer Dankbarkeit, wem auch immer gegenüber, dass ich solche Augenblicke erleben darf. Und ich denke immer noch: Schön haben sie es hier, im Westen, am Rhein! Für mich haben diese kurzen Momente des Glücks, die man jeden Tag erleben kann, wenn man sich darauf einlässt und genau hinsieht, eine große Bedeutung.

Für kurze, aber intensive anderthalb Jahre war ich mit meinem Moderationskollegen Wolfram Kons von *Guten Morgen Deutschland* liiert. Er reiste genauso gern wie ich, und wenn wir nicht arbeiteten, was wir reichlich taten, waren wir unterwegs. Mal ein Wochenende in London, wo ich – ohne Victor Hugo zu nahe treten zu wollen! – die Miserablen eher im Halbschlaf erlebte, was zum einen an dem wohltemperierten Rang im Theater lag (Wärme steigt nun mal nach oben), zum anderen an unendlich vielen Frühdiensten und meinem dadurch regelmäßig entstehenden Schlafdefizit am Freitagabend.

Ein anderes Wochenende verbrachten wir in Prag, und nach Überlegungen, das Saabrio zu nehmen, wie ich sein rotes Saab Cabrio nannte, dann aber gegebenenfalls mit der Bahn zurückfahren zu müssen, da das Auto vielleicht andere Besitzer gefunden hätte, entschieden wir uns für die Bahnfahrt. Es war Anfang der neunziger Jahre, und es kursierten wilde Geschichten um Autoklau im östlichen Europa. Selbst große Autoversicherer wollten diese Regionen nicht oder nur mit Zuschlag versichern. Heute ist das natürlich ganz anders, und alle sind partnerschaftlich in der EU vertreten. Also fuhren wir lieber gleich die ganze Strecke mit dem Zug.

Prag ist zu jeder Jahreszeit eine Reise wert. Besonders zauberhaft ist die Stadt für mich im Winter, frisch verschneit, mit all den Dächern und Giebeln, den Türmen und Türmchen in strahlendem Weiß. Allerdings braucht man dafür etwas Glück, denn die meisten Niederschläge gibt es gewöhnlich im Sommer. Im Winter kann sich zwar mitunter die Frostluft aus dem Osten durchsetzen, aber dann fällt selten etwas von oben. Wir waren im Herbst da.

Eines meiner Markenzeichen ist es, fast immer die falschen Schuhe zu tragen. Flaches bis sportliches Schuhwerk wäre angezeigt gewesen bei einer solchen Reise. Hatte ich auch prinzipiell dabei, aber ich wollte zumindest für den Abend auch etwas mit Absatz. Wir gingen an unserem letzten Abend in eines der zahlreichen Restaurants, und der krönende Abschluss unserer Kurzreise sollte ein Spaziergang über die nächtliche Karlsbrücke im Mondschein werden. Bis dahin lief auch alles nach Plan. Dann allerdings gingen wir am Ende der Brücke ein paar Stufen auf der Kleinseite hinunter, und auf der allerletzten Stufe knickte ich so unglücklich um, dass ich dachte, mein Fußgelenk sei gebrochen.

Einen Großteil der Nacht verbrachten wir dann im Krankenhaus, wo sich zu unserer Freude herausstellte, dass es sich nur um eine Zerrung im größeren Umfang handelte. Unter diesen Umständen wäre es natürlich hilfreicher gewesen, das Auto dabeizuhaben. Aber auch mit der Bahn kommt man ans Ziel, die Krücken gestalteten es nur etwas umständlicher.

Eine besondere Bahnfahrt, oder sollte ich besser Reise sagen, erlebte ich in Südafrika. Nelson Mandela war gerade ein paar Monate zuvor Präsident geworden. Das Land war im Um- und Aufbruch, und es war nun auch politisch korrekt, an den Südzipfel Afrikas zu reisen.

Der Flug mit British Airways war wie im Fluge vergangen (der Kalauer sei erlaubt), und in Johannesburg holten uns Freunde von Wolfram ab. Wir fuhren zu ihrem Haus in Pretoria, nur fünfzig Kilometer von Jo'burg, wie die Einheimischen sagen, entfernt. In Pretoria verbrachten wir die ersten Tage, bevor wir ins Sun City Ressort weiterfuhren. Der Palace of the Lost City hatte zwei Jahre zuvor als eines der besten Luxushotels der Welt seine fulminante Eröffnungsfeier erlebt. Adam Sandler nutzte das Hotel übrigens zwanzig Jahre später als Kulisse für seine romantische Komödie »Urlaubsreif« (im Original »Blended«) mit Drew Barrymore.

Wir blieben drei Tage und machten unter anderem eine Safari. Wer aber denkt, dass Afrika immer nur warm sei,

Wie schön, wenn's endlich warm wird ...

kann sich gewaltig täuschen! Die Safari begann um sechs Uhr. Auch hier fängt nur der frühe Vogel den Wurm. Ich hatte diesmal zwar nicht die falschen Schuhe dabei – es waren höhere Schnürstiefel in hellem Rauleder mit breitem Absatz –, aber nicht genügend dicke Jacken, schließlich waren wir ja nach Afrika geflogen. Ich habe noch nie so jämmerlich gefroren wie an diesem Morgen und durfte vorn, als Beifahrer, wenigstens die voll aufgedrehte Heizung des Jeeps genießen. Sobald die Sonne über den Horizont kam, war das Schlimmste überstanden und ich hatte meine Lektion gelernt.

Von dort ging es weiter im *Blue Train* zu den Victoriafällen in das benachbarte Simbabwe. Die Umwälzungen, die es in Südafrika in der Politik gegeben hatte, gab es auch im Tourismusbereich. Die Bahnstrecke von Pretoria zu den Victoriafällen war wieder in Betrieb genommen worden, und der *Blue Train* ging sozusagen auf Jungfernfahrt. Heutzutage fährt diese Strecke der *Rovo Rail*, ein anderer Luxuszug, in Bordeauxrot, ebenso aus fernen Tagen des Kolonialismus stammend. Ab 2004 verlangte das bankrotte Simbabwe exorbitante Gebühren für die Nutzung des Schienennetzes, und so verkehrt der *Blue Train* heute täglich zwischen Kapstadt und Johannesburg, wie in seiner Anfangszeit.

Der *Blue Train* gilt als einer der luxuriösesten Züge der Welt. Er wurde 1923 in Betrieb genommen, um die 1600 Kilometer lange und siebenundzwanzig Stunden dauernde Reise zwischen Johannesburg und Kapstadt mit allem nur erdenklichem Luxus angenehmer zu gestalten. Von Kapstadt aus gingen die Passagiere dann an Bord der Schiffe nach England. Der Zug ist ausgestattet mit einem Speisewagen, der den Namen verdient, denn dort wird gespeist, nicht gegessen. Seit 1939 auch mit einer Klimaanlage im gesamten Zug, möchte man dieses Luxusgefährt am liebsten ganz langsam fahren sehen, um die Schönheit der Landschaft voll genießen zu können, statt mit den möglichen neunzig Kilometern pro Stunde als Höchstgeschwindigkeit. Natürlich kann man auf der Fahrt neben Giraffen auch noch andere Tiere beobachten.

In Bulawayo, der zweitgrößten Stadt Simbabwes, hielt der Zug. Busse kamen und luden die Gästeschar ein, um zu ein paar markanten Granit-Felsformationen zu fahren, die in den letzten zweihundert Millionen Jahren von der Natur an die Erdoberfläche geholt worden sind und bereits Cecil John Rhodes, den britischen Politiker, nach dem Rhodesien, das spätere Simbabwe benannt wurde, so faszinierten, dass er dort sein Grab haben wollte. Diese Felsformationen liegen im Matobo-Nationalpark, der 2003 in den erlauchten Kreis des Weltkulturerbes erhoben wurde, da sich hier, wenn man so will, mit etwa dreitausend Felszeichnungen aus der Steinzeit die größte Steinzeitgalerie der Welt befindet.

Unser Ziel waren die Matobo Hills. Ein magischer Ort, der seit der Zeit der steinzeitlichen Künstler bis zum heutigen Tage als solcher auch verehrt wird. Der Blick geht über die runden Granitfelsen, die zum Teil übereinanderstehen, hinab ins grüne Wald- und Buschland. Und auch für uns entfaltete der Ort seinen Zauber.

Kaum waren wir oben auf dem Hügel am Grab von Cecil Rhodes angekommen, setzte ein kurzer Schauer ein. Es war Januar, und in Afrika herrschte gerade Sommer. Diese Schauer, mitten im warmen Klima, haben nichts von der kalten Dusche, die uns mitunter auch im Sommer in Deutschland erwartet.

Ich diesem Moment war ich eins mit der Natur – die Tropfen fielen auf mich, mein khakifarbenes Hemd, meine Haare genauso wie auf die Bäume und Blätter, die rund-

Ein unglaublicher Ort – Matobo Hills

lichen Granitfelsen, den nicht mehr so staubigen Boden. Ich war in diesem Augenblick ein genauso bedeutender oder unbedeutender Teil des Ganzen, wie die Natur um mich herum. Ich gehörte für diesen Moment dazu. Noch während der kurze Schauer uns an den Kreislauf des Lebens erinnerte, war die Sonne schon wieder da – und ein riesiger Regenbogen, wie er schöner nicht hätte sein können, erstreckte sich über die feuchten Felsen, die Bäume und den angrenzenden Busch. Ganz hinten im Kopf meldete sich kaum hörbar mein Stammhirn, der älteste Teil unseres Hirns, und bedankte sich für diesen einzigartigen Ausflug in die Geschichte und an die Wiege der Menschheit. Die außerordentliche Schönheit dieses Ortes übertraf alle meine Erwartungen. Bei solchen Begegnungen mit der Natur durchflutet mich nur ein Gefühl: Dankbarkeit.

Der Tag war aber noch nicht zu Ende. Wir fuhren im Bus auf einer ziemlich unbeleuchteten Landstraße ein paar Kilometer außerhalb von Bulawayo. Es war nicht nur dunkel, es herrschte schwärzeste Nacht. Ein plötzliches und lautes Geräusch und entsprechende Manöver unseres Busses ließen auf einen geplatzten Reifen schließen – und so war es auch. Leider, oder besser zum Glück, hatte der Fahrer kein Reserverad dabei und musste auf einen anderen Bus warten. Wahrscheinlich waren in Robert Mugabes Simbabwe solche Reservereifen Luxusgüter und daher knapp.

Mitunter sind Momente, die sich dem ersten Anschein nach als unglücklich präsentieren, im Nachhinein ein absoluter Glücksgriff. Ich stieg aus dem Bus und stand mitten in der flachen, aber mit etwa 1400 Metern doch hoch gelegenen Savanne. Über mir und um mich herum breitete sich ein Dom aus Sternen aus. Kein Licht störte, denn auch der Bus hatte mittlerweile alle Lichter ausgeschaltet, keine

Stadt weit und breit und nur ganz vereinzelt kam ein Auto in der Dunkelheit die Straße entlang. Die Natur hatte sich wirklich beeilt, mir ihre ganze Schönheit an nur einem Tag zu zeigen! Noch nie hatte ich so viele Sterne und Galaxien so klar gesehen. Wie mit einer Glosche, auch Servierglocke genannt, servierte mir das Universum all seinen Zauber, und ich befand mich unter der Glosche und konnte mich nicht sattsehen an diesem himmlischen Zauber, dem Sternenhimmel der südlichen Hemisphäre, dem Kreuz des Südens, den Magellanschen Wolken ... Ich wünschte, dass auch der Ersatzbus eine Reifenpanne haben möge. Hatte er aber nicht, und so ging es weiter zum Zug, der bereits hell erleuchtet irgendwo in der Savanne auf uns wartete, da er nicht länger in Bulawayo das Gleis blockieren durfte.

Meine Leidenschaft für das Bahnfahren wurde schon früh entfacht. Da hieß die Bahn noch Reichsbahn. Nein, ganz so alt bin ich nicht, dass ich noch das Reich erlebt hätte, aber die DDR hatte, insbesondere um die West-Berliner Schienennetze und S-Bahn behalten zu können, nie den Namen geändert, und so blieben die Verträge wie sie waren.

Alles begann mit einer Fahrt mit der Ordnungsgruppe meiner Schule. Ich war fünfzehn Jahre alt und mir für keine Arbeit zu schade, und so fegte ich montags bis samstags, ja, wir hatten auch jeden Samstag noch Schule, nach dem Unterricht einen Schulflur. Die Anfänger hatten das oberste, vierte Geschoss gewonnen und dann arbeitete man sich nach Seniorität bis zum Erdgeschoss vor. Das brachte uns neben dreißig Ost-Mark im Monat auch eine jährliche Fahrt mit der lustigen Truppe ein, die aus den Klassenstufen acht bis zehn bestand.

Mal ging es so in das Ferienlager des Patenbetriebes Kabelwerk Oberspree nach Groß Köris bei Berlin, mal aber auch etwas weiter weg, wie diesmal nach Wernigerode. Es war im Dezember, und wir hatten die Jugendherberge für uns.

Wernigerode ist mit all seinen Fachwerkhäusern und dem Schloss ein entzückendes Städtchen. Das war auch damals schon so. Was mir aber sehr leid tat, war, den Verfall der alten Häuser zu sehen, der kaum noch aufzuhalten schien. Natürlich fehlte es überall im Land an Material, aber hier wurde es so richtig deutlich: Häuser, die bereits Jahrhunderte, Feuer und Kriege überdauert hatten, fanden im Sozialismus wohl nicht ihre Zukunft, wie es den Menschen überall versprochen worden war, sondern vielmehr ihr endgültiges Ende.

Die Leitung der Ordnungsgruppe setzte für den nächsten Tag eine Fahrt mit der Harzer Schmalspurbahn bis Drei Annen Hohne an und eine Wanderung zurück nach Wernigerode. Bei Schierke begann das militärische Sperrgebiet, zu dem man den Besuch beantragen und genehmigt bekommen musste. Der Brocken selbst war auch Terra incognita, da sich dort ja die Grenze befand.

Über Nacht hatte es etwas geschneit! Wer in der Schule aufgepasst hat, kennt das Abregen-Gebiet des Harzes, das sich auf der westlichen Seite und im Hochharz befindet. Der Harz ist mit dem 1141 Meter hohen Brocken das natürliche Hindernis für die atlantischen Regenwolken, die sich hier gern abregnen. Wir bestiegen in Wernigerode, bei matschigem Schneeregen, die mit einer kleinen Dampflokomotive gezogenen Waggons. Je höher wir mit der dampfenden und zuweilen pfeifenden Bahn kamen, desto mehr Schnee begrüßte uns rechts und links der Schienen. Es war wie auf einer kitschigen Postkarte.

Da der Zug nicht besonders geheizt und isoliert war, waren wir froh, die dicken und zum größten Teil selbst gestrickten Winterpullover anzuhaben. Auf der Bank an der anderen Fensterseite saß eine wunderschöne Mitschülerin mit langen, glatten Haaren in einem wollweißen und dicken Strickpullover. Sie war eine Klassenstufe über mir, und ich bewunderte sie wegen ihrer Schönheit und Anmut – und weil sie einen Freund hatte, der mir auch gut gefiel. Sie pellte gerade andächtig und mit großer Sorgfalt eine Mandarine ab. Ihr Vater war Handwerker, und so lagen auch Mandarinen zur Adventszeit im Rahmen ihrer Möglichkeiten. Sie nahm sich Zeit, diese Kostbarkeit aus der Schale zu befreien, alle weißen Fädchen säuberlich wegzuzupfen und genoss sichtlich die Vorfreude auf den fruchtig-süßen Geschmack dieses orangenen Zeugnisses aus einer fernen und warmen Welt. Natürlich konnte und wollte sie diese Mandarine nicht mit all den anderen teilen. Das hatte ich auch nicht erwartet, was sie aber teilte, war der Duft dieser frischen Zitrusfrucht, und der war schon köstlich genug. So dampfte die Schmalspurbahn durch den tief verschneiten Harz, und ein Duft von Mandarinen zog durch das Abteil. Was konnte es Schöneres zur Adventszeit geben? Dieser Eindruck hat sich so stark in mir festgesetzt, dass ich noch heute, wenn ich Mandarinen sehe, an diesen einen Moment zurückdenke.

Aber irgendwann endet jede Bahnfahrt, und so stiegen wir in Drei Annen Hohne aus und marschierten durch den Winterwald runter nach Wernigerode zurück.

Das resultierte in einem guten Muskelkater. Den, so lautete die Empfehlung von Herrn Torber, unserem Sportlehrer, bekämpft man am besten mit Bier. So trank ich mit fünfzehn Jahren in einer Truppe von Mitschülern und dem mitreisenden Sportlehrer dann mein erstes Bier. Es half übrigens nicht. Stattdessen frönte ich, nüchtern, meiner Lieblingssportart einen Abend später. Ich hatte wieder mal die falschen Schuhe an und im Dunkeln die letzte Stufe der Treppe in der Jugendherberge nicht gesehen. Zu meiner Entschuldigung muss ich sagen, dass natürlich überall auch am Strom gespart wurde und die Treppe wirklich nur spärlich bis gar nicht ausgeleuchtet war. Das Krankenhaus war aber nicht allzu weit entfernt, und so verbrachte ich mit der gestrengen und nicht allzu beliebten Staatsbürgerkundelehrerin den Abend allein – statt beim Bier mit den Sportsfreunden.

Sportlich war ich zwar keine Kanone in der Schule, aber zumindest beim Biertrinken gehörte ich ausnahmsweise nicht zu den Langsamsten. Leider gab es aber darauf keine Note. Was den Knöchel anging, war zumindest nichts gebrochen, aber die Zerrung dauerte eine schmerzhafte Weile. Da half auch kein Bier.

What the f...?

Bahamas – kein Arbeitsparadies

Wetter und besonders die korrekte Vorhersage desselben sind zu einem wichtigen Wirtschaftsfaktor geworden, besonders für den Tourismus und die damit einhergehenden Gewerbe.

Eine ungenaue oder nicht korrekte Vorhersage kann viele Menschen davon abhalten, zum Beispiel das Wochenende kurzentschlossen an den Stränden von Nord- oder Ostsee zu verbringen oder in den Alpen und Mittelgebirgen die Ausdauer mittels einer kleinen Wanderung zu trainieren und stattdessen doch lieber zu Hause vor dem Fernseher oder Computer zu hocken.

Die allermeisten Menschen im Wettergeschäft sind sich dieser Verantwortung bewusst und versuchen wirklich ihr Bestes, damit die Vorhersage auch stimmt.

Vor über zwei Jahrzehnten hatten den Zusammenhang zwischen Wettervorhersage und Tourismus, als eines der ersten Länder, die Bahamas entdeckt. Der Tourismusverband dieser vom Besuch sonnenbegeisterter, tauchender, schwimmender oder einfach nur gern an den traumhaften Stränden liegender Gäste abhängigen Inseln hatte daher zahlreiche amerikanische Fernseh- und Radio-Meteorologen und -Moderatoren zu einer Hurrikan-Konferenz nach Nassau eingeladen. Ein europäisches Land durfte auch daran teilnehmen, wahrscheinlich weil die Deutschen, zumindest in den neunziger Jahren, Reiseweltmeister waren. So bekam *RTL* die freundliche Einladung, ein Team zur Konferenz zu entsenden, um darüber zu berichten. Die Wahl innerhalb unseres Wetterteams fiel auf mich, um für unser Morgenmagazin, was zu jener Zeit noch *Punkt 7* hieß, eine kleine Wochenserie über die Bahamas zu machen. Oder besser: Wetter und Klima in der Karibik waren die Aufgabenstellung. Traumstrände, bunte Märkte, freundliche Menschen, farbige Häuser, leckere Gerichte oder andere an jeder Ecke zu findende und daher schnell und leicht zu drehende Dinge sollten in der Reportage nicht vorkommen, so der Wunsch des Redaktionsleiters.

Ich hatte zudem die Wahl des Kameramannes. Diese fiel, da niemand sonst Zeit oder Lust hatte, für das nicht sehr üppige Geld zehn Tage aus dem regulären Geschäft auszusteigen, auf einen jungen Kameramann, der gerade seine Ausbildung für Spielfilm absolviert hatte. Eine Grafikerin aus der Wetterredaktion komplettierte das Team – sie sollte den Ton und »Assi« machen. Das war zumindest der Plan.

Wir flogen mit all dem Equipment – die Kameras waren zu der Zeit noch groß und schwer –, versehen mit einem Zoll-Carnet. Dieses Heftchen beinhaltete die Liste der Dinge, die man in das Land einführt und die dann auch vollständig wieder ausgeführt werden sollten, wenn man größere Diskussionen und Strafen verhindern möchte. Jahre später habe ich beim Spendenmarathon gelernt, dass es durchaus auch Länder geben kann, in denen man besser kein Carnet dabeihat, da einige Zollbeamte, die, sagen wir mal, sich etwas unterbezahlt fühlen, auch gern bei der Ein- und Ausreise eine Art Lösegeld für das Equipment fordern. Dieses Lösegeld kann mitunter fernab aller »vernünftigen« Forderungen liegen, und dann hat man die »Wahl« zu zahlen oder gleich wieder nach Hause zu fliegen. Daher ist es mitunter unkomplizierter, die Dinge, die man so braucht ... von der Kamera, die mittlerweile recht klein geworden ist, bis zum Mikrofon, den Kabeln und dem Zubehör auf die Reisenden aufzuteilen. Akkus müssen seit einigen Jahren sowieso im Handgepäck fliegen. Ich bin auch dafür, recht unfreiwillig, zum Experten geworden.

Mit British Airways flogen wir von Düsseldorf nach London-Heathrow, und nach kaum fünf Stunden Aufenthalt ging es auch schon weiter. Allerdings stand dort nichts von Nassau an der Anzeigetafel, sondern Grand Cayman unter derselben Flugnummer. What the f...? Es stellte sich heraus, dass wir, wie es auf den Karibikrouten öfter der Fall ist, ein kleines Inselhüpfen gewonnen hatten. So durfte ich Kuba von oben erleben und kann die Umrisse auf der Landkarte durchaus bestätigen. Nach einem weiteren Beine-Vertreten, Betanken und noch mal mit Kuba-von-oben und den Zoll der Bahamas mit unserem gesamten Equipment mittels Carnet Bekanntmachen – nein, wir mussten nichts zahlen –, konnten wir nach einer ziemlich langen Anfahrt endlich ins Hotel.

Am nächsten Morgen begann die Hurrikan-Konferenz, wir waren noch etwas im Jetlag und von der epischen Anreise in der Holzklasse mitgenommen. Die Vorträge wurden von Meteorologen des National Hurricane Centers in Miami gehalten und beinhalteten neben allgemeinen Informationen zu Hurrikanen auch die neuesten Entwicklungen in der Beobachtung und Vorhersage der Wirbelstürme. Die amerikanischen Kollegen hatten sogar ein Flugzeug der Hurricane Hunter, eine Hercules C 130, mitgebracht. Das sind die schweren Propellermaschinen, die seit den fünfziger Jahren von Lockheed eigentlich für den Militärtransport gebaut werden. Das C steht für Cargo. Im Fall der Hurricane Hunter sind die Messinstrumente und Sonden die Ladung. Die wagemutigen Männer – und seit den Siebzigern auch einige Frauen – fliegen direkt in den Hurrikan hinein, um wichtige Daten wie Windgeschwindigkeit, Druck, Regensummen, Wassertemperatur und anderes zu messen, die auch die modernsten Satelliten nicht messen können. Mit Hilfe dieser Daten lassen sich dann die Zugbahn, Entwicklung und Stärke besser vorhersagen und die betroffenen Menschen früher und schneller warnen. Für mich gehören die Piloten und Crews dieser Hurrikanjäger zu den Menschen, die, wie Feuerwehr, Polizei und Armee, an der vordersten Front des Geschehens agieren und meinen größten Respekt genießen, da sie bereit sind, ihr Leben einzusetzen. Die Hercules gilt als eines der sichersten Flugzeuge der Welt, und bislang endete nur ein Messflug, der 1974 in den Typhoon Bess bei den Philippinen stattfand, für die sechs Mann an Bord tödlich.

Wir, Wettermoderatoren und Meteorologen, die sonst nur über die Hurrikane berichten und die Vorhersagen der amerikanischen Kollegen vom Hurricane Center den Zuschauern näherbringen, durften wenn auch nicht in die Luft so doch zumindest am Boden in dieses Wunderwerk der Technik hineingehen, alles besichtigen und den Piloten Fragen stellen. Ich war vollends begeistert und voller Respekt!

Einer der meistgefragten Interviewpartner während der Konferenz, und natürlich auch von mir, war Max Mayfield, der spätere Direktor der Hurricane Centers von 2000 bis 2007. Ein überaus eloquenter Meteorologe, Inbegriff eines Gentleman. Ich bin sehr dankbar, dass ich solche Menschen durch meine Arbeit kennenlernen durfte.

Eingeladen hatte das Tourismusbüro aber nicht nur, um über die Entwicklung auf dem Gebiet der Vorhersage zu informieren und die fast hundert amerikanischen Kollegen

und uns, das Exoten-Team, das Europa repräsentierte, zu-
sammenzubringen, man wollte vor allem eins klar machen:
die Bahamas, das sind über siebenhundert Inseln und Cays,
sie erstrecken sich über unglaublich lange sechshundert
Kilometer und über ein Gebiet von 260 000 Quadratkilo-
metern. Wenn also ein Hurrikan über die südlichen Inseln
zieht, ist das kein Grund, gleich alle Reisepläne abzublasen.
Vielleicht zieht der Wirbelsturm ja gar nicht über Nassau
und andere weiter nördlich gelegene Inseln, sondern bleibt
weiter südlich.

Diese Message kam dann wohl auch bei den Kollegen
an: keine Panik auf der Titanic! Während die amerikanischen Kollegen nach den Vorträgen, die sich über mehrere
Tage hinzogen, am Pool relaxten, machten wir uns mit unserem Equipment beladen auf, um unsere Wochenserie zu
drehen. Das Abendessen haben wir meist nicht mehr geschafft, da wir zu spät wieder ins Hotel zurück kamen. Beim
Frühstück am nächsten Morgen entschädigte Grits aber für
alle ausgelassenen Mahlzeiten. Grits ist die etwas feinere Variante der italienischen Polenta und in den amerikanischen
Südstaaten beheimatet. Ursprünglich ein Gericht der Mus-
kogee Indianer, kann man es mit Cheddar, Bacon, Shrimps
oder auch nur mit Pfeffer und Salz essen. Großartig!

Meine Kollegin und ich teilten uns ein Doppelzimmer,
und es fühlte sich abends im Bett ein bisschen nach Kin-
derferienlager Erster Klasse an, wenn wir den Tag mit all
seinen Eindrücken noch mal passieren ließen.

Die wundervolle Insel Eleuthera, nicht ohne Grund
Wohnsitz und Inspiration des Sängers Lenny Kravitz, war
an einem Tag unser Ziel. Dort konnte man auf der Straße,
die diese an einer Stelle extrem schmale Insel verband, die
Gegensätze zwischen Atlantik und Karibischer See sehr
schön, schnell und einfach zeigen: mit nur einem Gang von

wenigen Metern von der tiefblauen Farbe des Atlantiks zur karibischen Seite mit dem türkisfarbenen Meer. Hier waren Atlantik und Karibik nur durch einen etwa zehn Meter breiten Landstreifen voneinander getrennt. Mittlerweile hat ein Hurrikan diese natürliche Verbindung zerstört, die dann durch die Glass Windows Bridge ersetzt wurde. Auch diese musste bereits nach einigen Stürmen erneuert werden. Heute verbindet Eleuthera mit ihren Nachbarinseln eine hundertachtzig Kilometer lange Straße, die sich wie ein Rückgrat die Inseln entlang schlängelt. Damals, Ende des neunziger Jahre, musste man noch die Fähre oder den Inselflieger nehmen.

Wir waren also endlich am Ziel unserer Wünsche angekommen, hatten besprochen, was wir drehen wollten, nämlich den Gang vom Atlantik zur karibischen Seite, und dazu zogen die Passatwolken am Himmel entlang – die perfekte Kulisse! Nur leider hatte ich dafür den falschen Kameramann dabei. Ich war es gewohnt, mit den schnellen Jungs und Mädels eines EB-Teams, der Einsatzbereitschaft, zu drehen. Wir sprachen eine Sprache und wussten: bei allem, was mit Nachrichten in Verbindung steht, muss es schnell gehen. Jetzt hatte ich aber einen Film-Kameramann dabei.

Also machten wir eine Probe. Und noch eine Probe, wie beim Film, zumindest früher. Dann kam auch mal ein Auto vorbei. Und dann noch eine Probe und noch eine, bis Schärfe und Bildkomposition dem Kollegen hinter der Kamera perfekt erschienen. Nur leider hatten sich währenddessen die Wolken, auf die es mir ankam, verzogen. Ja, der Gang war perfekt, aber der Himmel war eben nicht mehr der Himmel, den ich haben wollte. Zumindest die Farbe des Wassers änderte sich nicht, und so war ich zufrieden. Wir mussten nämlich den Inselflieger zurück nach Nassau bekommen. Irgendeinen Tod muss man manchmal sterben!

Den größten Stress bei solchen Reisen verursacht der Gedanke: Haben wir auch wirklich alles gedreht? Haben wir genügend Schnittbilder, genügend Aufsager, oder fehlt noch etwas? Zurückzufliegen, um etwas nachzudrehen, war nämlich nicht möglich. Das Material sichten oder schneiden konnten wir damals auch nicht vor Ort. Zu jener Zeit brauchte man viel und schweres, teures Equipment, allein ein Schneidetisch kostete schnell hunderttausend DM, und die Sichtgeräte für die Videokassetten nahmen den Platz eines halben Schreibtisches ein. Heute geht das viel unkomplizierter: Man kann alles am Laptop sichten, schneiden und überspielen. Umständliche Datenträger gibt es auch nicht mehr. Oder man dreht mit dem Handy und überspielt auch gleich.

Wir mussten hingegen noch UPS bemühen, um die Kassetten möglichst schnell und zeitnah zur Konferenz nach Köln zu bekommen. Dazu die Sorge, dass sie hoffentlich nicht mit magnetischen Dingen in Berührung kamen und alles, wenn nicht gelöscht, so doch in der Qualität beschädigt würde. Dabei lernte ich auch, dass UPS am Wochenende nicht arbeitet. Aber einem amerikanischen Kollegen konnte ich die Kassetten zumindest bis Chicago mitgeben und von dort etwas zügiger nach Köln fliegen lassen.

Am Ende hatte ich meine Wochenserie voller Wetterereignisse in der Karibik, alle Schnittbilder und Aufsager, die ich brauchte ... nur der Ton ließ etwas zu wünschen übrig. Die grafisch sehr gewandte Kollegin hatte beim Ton nicht das sicherste Händchen, denn es gab nur den Ton, der an der Kamera installiert war. Mit anderen Worten: wir hatten keinen. Aber bei DEN Bildern fiel es nicht allzu sehr ins Gewicht. Etwas Musik drübergelegt und der Rest »versendet sich«, wie man beim Fernsehen sagt.

*Jo, do könn mer ja froh sein,
dos noch olle Orme
und Bejne dron sin ...*

Haarige Angelegenheit

»Sie haben aber schöne Haare!«, dieser Ausruf begleitet mich seit Jahrzehnten.

Nun, neben Mutter Natur ist hauptsächlich die Friseur-Innung als Verursacher zu nennen, die hatte nämlich nur extrem selten Besuch von mir.

Meinen ersten Kurzhaarschnitt bekam ich mit sechs Jahren, weil mein Vater mit mir nach Moskau und Lenin-grad reisen wollte und keine Lust hatte, Zöpfe an kleinen Mädchen zu flechten und zu kämmen. Durchaus verständlich.

So reiste ich in das Land der Kleinen-Mädchen-mit-den-enormen-Schleifen-auf-dem-Kopf, in die Sowjetunion, und war eine kleine Sensation! Shirley Temple hätte nicht mehr Aufregung verursachen können. Ob im Fahrstuhl, auf der Straße oder im Hotelrestaurant – jeder guckte mich an. Mein stolzer Vater genoss es – ich weniger, da ich enorm schüchtern war.

Der nächste haarige Einschnitt kam, als ich zwölf Jahre alt war. Auch hier stand wieder eine Reise bevor, nur dies-mal ganz allein: drei Wochen sollte ich in die Pionierrepu-blik »Wilhelm Pieck« an den Werbellinsee fahren. Nun ja, so ganz allein war man dort natürlich nicht, aber zumindest, was die Frisur anbelangte.

Ein stadtbekannter Friseur in Ost-Berlin war folglich das Ziel meiner Mutter, mich im Schlepptau. Doch offenbar konnte ich meinen Wünschen nicht so recht Ausdruck verleihen – oder die Schnittkundigen vor Ort kannten eben nicht die von mir angesprochene Bonnie Tylor. Es war Mitte der Siebziger. Fotos aus »Westmagazinen« als Vorgabe für den Friseur waren für die Allermeisten unerreichbar, wenn nicht irgendein Onkel oder eine beherzte Oma diese am eigenen Körper in die DDR hereinschmuggelte. Mangels eines Fotos, um meinen Traumhaarschnitt zu visualisieren, endete ich mit einer flotten Außenwelle und einem Haarband wie Cheryl Miller in den Sechzigern in der TV-Serie »Daktari« – nur war diese damals fünfundzwanzig Jahre alt. Aber offenbar besser bekannt in der DDR.

Ich war also nicht »Lost in France«-Tylor, wie von mir erhofft, sondern »Lost in the GDR« – styled by GDR.

Dieser Schock saß so tief, dass ich beschloss, NIE wieder zum Friseur zu gehen. Überflüssig zu sagen, dass ich am nächsten Morgen in der Schule natürlich zum Gespött meiner Mitschüler wurde.

Dank der Friseur-Innung waren meine Haare meist lang – bis sehr lang

Vor dem Besuch beim
Haarkünstler

Ich blieb meinem Vorsatz treu – und nur meine Mutter
begradigte in größeren Abständen immer mal die Haar-
spitzen.

1992 bekam ich meinen Job als Wetterfee. Das feenhafte
Haar, lang, aber dunkel, mag auch geholfen haben. Nach
vielen Jahren gemeinsamer Arbeit schnitten Kollegen zu
meinem zwanzigjährigen Jubiläum einen kleinen Film zusammen. Darin war fand sich auch meine allererste Moderation für das Wetter bei *Guten Morgen Deutschland*. Als
ich mich darin etwas zur Karte eindrehte, waren meine
hüftlangen Haare zu sehen. Und selbst ich erlebte bei dieser Ansicht einen kleinen Oh!-Überraschungsmoment.
     Nach einigen Monaten als Wetterfee hatte unsere PR-
Abteilung den glorreichen Einfall, doch einen PR-Termin
mit Foto-Shooting bei einem stadtbekannten Friseur zu
machen. Im Nachhinein stellte sich jedoch heraus, dass der

zwar große Reden schwang, aber mit Haaren nur bedingt umgehen konnte.

So saß ich nach anderthalb Jahrzehnten wieder mal beim Friseur; diesmal im Westen Berlins am Ku'damm in einem der angesagtesten Salons, erwartungsvoll. Das Erste, was der Star-Coiffeur zu mir sagte: Die Pferdedecke muss ab! Und kaum hatte ich's vernommen, folgte auch schon ein Schnitt, und die Länge meiner Haare hatte sich um gute zwei Drittel reduziert.

Keine sechs Monate später erschien eben dieser Friseur im Studio von *Guten Morgen Deutschland* in der Rosenstraße in Berlin, um stolz darüber zu reden, wie Claudia Schiffer und andere Models sich die Haare künstlich verlängern ließen – bei ihm natürlich.

Auf meine Bemerkung, aber das sind ja lauter Pferdedecken!, reagierte er nicht.

Es gingen ein paar Jahre ins Land, die Haare wuchsen natürlich immer wieder nach ... und nach ... und nach.

Das wirklich einschneidendste Erlebnis hatte ich dann mit meiner Mutter.

Oder wie ein Freund von mir sagen würde: Blut ist dicker als Wasser – aber es kocht auch schneller!

Meine Mutter besuchte mich regelmäßig und gern in meinem Kölner Exil – ich war dem Ruf von *RTL* gefolgt und nach der Schließung unseres Studios von *Guten Morgen Deutschland* in Berlin in die Domstadt am Rhein umgezogen. Immer wenn sie hier war, begradigte und schnitt sie mir auch weiterhin die Haare. Niemand anderen hätte ich an mein Haupthaar gelassen! Meine unangenehmen Begegnungen mit Friseuren hatten ein tiefes Trauma hinterlassen, und ich kann mir vorstellen, dass ich nicht die einzige Frau bin, die solch einen Schock erlitten hat.

In diesen Tagen waren wir naturgemäß immer im Austausch über die vielen Dinge, die man am Telefon entweder vergessen hatte oder die sich eben im Lauf eines längeren Gespräches durch Rückfragen ergeben. Und wie es der Teufel wollte, kam das Gespräch auf meinen Bruder. Nun sind sich Geschwister ja nicht immer nur in tiefster Liebe zugetan, es kann mitunter auch Probleme geben. Jedenfalls wurde das Gespräch etwas lauter und intensiver als beabsichtigt. Vielleicht hätte ich daraufhin mit der Begradigung meiner Haare noch ein paar Wochen oder zumindest Tage warten sollen.

Das tat ich aber nicht, und so stand ich wie so oft mit frisch gewaschenen und wieder bis zur Hüfte herabhängenden Haaren im Bad, meine Mutter hinter mir, um eben die Spitzen zu begradigen. Plötzlich hörte ich nach einem beherzten Schnitt die Frage: Oder ist das zu kurz? Ich wollte mich gerade zum Spiegel drehen, aber da kamen mir auf der linken Seite meine Haare schon auf Schulterhöhe entgegen. Oh!

Da half dann alles nichts: der Rest musste nun dieser Länge, oder besser: Kürze, angepasst werden.

Es fehlten plötzlich beachtliche dreißig Zentimeter. Eigentlich hatte ich mir so einen Schnitt für einen guten Zweck, wie zum Beispiel das Knüpfen von Perücken für kleine Krebspatienten, aufheben wollen, nun kam es etwas anders und etwas spontaner.

Ich kann nicht behaupten, dass ich sehr glücklich war.

Insbesondere, da so ein gravierender »Einschnitt« eine sogenannte Typ-Veränderung ist, wie man am Theater sagen würde, und einer fristlosen Kündigung daraufhin häufig nichts mehr im Wege steht. Haare abschneiden, verlängern oder mal rasch umfärben von Blond auf Rot oder Schwarz sind Typ-Veränderungen und bedürfen eigentlich der Zustimmung der Vorgesetzten, zumindest aber eines Gespräches vorab.

All das hatte ich natürlich nicht getan, und als ich am nächsten Morgen früh um fünf Uhr in die Maske kam, war die Überraschung groß! Aber da meine Mutter keine ausgebildete Friseurmeisterin war, sondern Schauspielerin, musste schnell noch etwas begradigt und weitergekürzt werden.

Als ich unserem überraschten Chefredakteur am Vormittag gegenüberstand, waren ein paar erklärende Worte notwendig. Vielleicht sollte ich an dieser Stelle erwähnen, dass ich nie wieder einen Chefredakteur erlebt habe, für den die Haare solch eine gravierende Bedeutung hatten! Böse Zungen behaupten, er sei mitunter sogar ins Studio gelaufen, um selbst noch Hand an die Frisuren der Moderatorinnen zu legen.

Jo, was homs denn do gemocht? War die im besten Wiener Schmäh vorgebrachte und unausweichliche Frage.

Nun, meine Mutter sollte nur, wie alle Jahre, begradigen, aber das ging nach einem kleinen Diskurs diesmal schief. Wir sind eine temperamentvolle Familie ...

Jo, do könn mer ja froh sein, dos noch olle Orme und Bejne dron sin ... Damit war die Sache für ihn erledigt.

Mitunter, wenn der Chef ganz weit weg war – das Internet steckte noch in den Kinderschuhen –, wurden wir mutig und probierten mal andere Frisuren aus. So zum Beispiel zur Adventszeit eine Hochsteckfrisur. Leider konnte man offenbar auch im fernen Südafrika *RTL* empfangen, jedenfalls klingelte sofort nach der Sendung das Telefon in der Maske:

Jo sans denn wohnsinnig geworn! Wos homs denn mit die Hoor gemocht?

Nun, es ist doch Adventszeit und ich stand neben der Pyramide und da haben wir gedacht: wir machen einfach mal eine Pyramiden-Hochsteckfrisur!

Och, nee, mochens dos nit noch mol!

Es war die beste Schule, sich in pfiffigen Erklärungen zu üben. Die wurden dann akzeptiert und der Fall war erledigt.

Kurze Haare machen viel Arbeit ...

Da die Haare nun schon so gekürzt waren, entschloss ich mich nach einigen Wochen, sie richtig kurz schneiden zu lassen. Diesmal allerdings von der professionellen Hand einer unserer Maskenbildnerinnen, die das Friseurhandwerk gelernt hatte. Ich wollte auch einmal im Leben kurze Haare haben. Natürlich blieb der Wechsel der Haarlänge auch den Zuschauern nicht verborgen. Es kamen wirklich viele Mails und Briefe. Die meisten Männer fanden es sehr schade, dass die Haare nun so kurz waren – die meisten Frauen fanden es klasse und schick. Man kann es eben nie allen recht machen.

Dabei habe ich zum meinem großen Erstaunen und zum ersten Mal im Leben entdeckt, dass kurze Haare wesentlich mehr Arbeit machen als längere. Alle drei Wochen nachschneiden? Dafür hatte ich nicht die nötige Zeit und Geduld. Also wurden sie wieder etwas länger, was die männlichen Zuschauer mit Lobeshymnen quittierten. Wie einfach sind Männer doch zufriedenzustellen! Wir lieben euch auch wegen eures mitunter recht einfachen Gemüts!

Auch bei der Wahl einer neuen Haarfarbe muss man im Fernsehen eher behutsam sein, um die Zuschauer nicht zu erschrecken – da, wie oben schon erwähnt, der Typ, für den man »eingekauft« wurde, eben nicht unbedingt »mitbestimmungspflichtig« im Sinne des Betriebsverfassungsgesetzes und Arbeitsrechts ist.

Mein kluger Mann vertrat nun irgendwann die Ansicht – der »haarige Chefredakteur« war nicht mehr da –, mit zunehmendem Alter, wenn die Gesichtszüge etwas mehr Charakter bekommen, um es freundlich auszudrücken, sollte das Haar vielleicht etwas heller werden.

Eine auf das Färben der Moderationskolleginnen spezialisierte Haarkünstlerin gab mir also ein paar Proben verschiedenfarbiger Strähnen mit nach Hause, und wir konnten in unterschiedlichen Lichtverhältnissen die Farbsträhnen ausprobieren. Die Wahl fiel auf einen warmen Honigton.

Nach einer langen Frühschicht saß ich dann freitagsmüde, aber erwartungsvoll in der Maske zum Waschen, Entfärben und Färben, und als ich nach vier langen Stunden – und nach einer Woche Frühdienst können diese wirklich sehr lang sein – das Ergebnis betrachtete, konnte ich die Tränen kaum zurückhalten. Es waren keine Freudentränen: Ebenholzschwarz war, gegen den Farbton meiner Haare, ein freundliches Rehbraun.

Auch diese Erfahrung werden sicher einige Frauen mit mir teilen.

Ich fuhr nach Hause, machte keinen wohlverdienten Mittagsschlaf am Freitag, sondern konsultierte Meister Proper. Der putzt nicht nur sehr gründlich, sondern wusch unter kräftigem Rubbeln auch das meiste Schwarz aus meinen Haaren heraus. Meine Haare sind, dem Allmächtigen sei Dank, unkaputtbar.

Schrittchen für Schrittchen habe ich mich dann über Monate von Mittelbraun über Hellbraun, Dunkelblond bis zu Hellblond vorgearbeitet. Allein. Zu Hause. Für vier Euro aus der Drogerie oder dem Supermarkt.

Und ich werde häufig von Zuschauerinnen angemailt, welche Farbe das ist, oder wohin ich denn zum Färben ginge … und ich muss gestehen: Das sind die schönsten Komplimente. Ich antworte dann: Nur Mut, meine Lieben! Selbst ist die Frau, ihr könnt das auch!

*Dem Himmel sei Dank,
kostete aber ein Matrose
den Wein ...*

Das kleine Madeira-Tief

Bei *RTL* in Köln hatte ich mich mittlerweile ganz gut in der Wetterredaktion eingearbeitet und eingelebt. Ich arbeitete meist zwei Wochen am Stück, und die restliche Zeit des Monats war ich unterwegs. Zum Teil, weil ich das Klima in Köln nicht vertrug – und damit meine ich jetzt nicht die Kölner, sondern die feuchte Luft der Rheinischen Tiefebene –, zum Teil, weil ich eben furchtbar gern reise. Schließlich habe ich die DDR verlassen, um die Welt zu entdecken. Als Ausgangspunkt wählte ich 1989 dann auch London. Der Ausflug nach Greenwich zum Null-Meridian, dachte ich, wäre ein stilvoller Beginn, um dann nach »rechts und links« weiter auszuschwärmen.

So bestand mein Work-and-travel-Programm nicht nur aus ein paar Monaten in irgendeinem schönen Land dieser Erde, sondern ich verlängerte es um ein paar Jahre – auch wenn der Arbeitsort meist Köln war.

Wieder einmal Single, genoss ich die Zeit, denn ich wusste: wenn ich so richtig glücklich und zufrieden mit meinem Single-Dasein wäre, käme, erfahrungsgemäß, wieder irgendein Prince Charming, und das ganze Herz-Schmerz-Theater würde von vorn beginnen.

Mitunter hatte ich auch nur eine Woche frei, und da musste das Reiseziel etwas näher liegen. Meine Wahl fiel auf eine kleine Insel im Atlantik: Madeira. Eigentlich bildet Madeira ja mit der kleineren Insel Porto Santo und der unbewohnten Inselgruppe Ilhas Desertas die Inselgruppe Madeira. Hier möchte ich aber nur über die Hauptinsel schreiben.

Ich kaufte mir ein paar Reiseführer, denn ich liebe es, mich vorzubereiten, damit ich nicht in völliger Ahnungslosigkeit vielleicht an wichtigen Dingen vorübergehe, ohne sie entsprechend zu sehen, zu besichtigen, zu würdigen und damit auch zu einem Mosaiksteinchen meines eigenen Lebens werden zu lassen.

Im Reiseführer wurde, zu Recht, wie ich bemerken darf, die besonders milde Luft Madeiras gepriesen. Der überall als spektakulär bezeichnete Landeanflug auf Funchal verlief reibungslos, obwohl der März (nach Dezember und Februar) der drittwindigste Monat ist. Um Madeira anzufliegen, ist eine spezielle Lizenz der Piloten nötig, wie ich heute weiß, und das aus gutem Grunde. Die anfangs sehr kurze Landebahn wurde nach einem verheerenden Unglück 1977 im Laufe der Jahre drei Mal verlängert. Heute können dort auch große Jumbos und der Airbus 340 landen. Der Flughafen wurde im März 2017 nach dem wohl bekanntesten Sohn Funchals benannt, Cristiano Ronaldo.

Ich quartierte mich im Reid's Palace ein, wo bereits Winston Churchill geweilt hatte. Im nahegelegenen romantischen Fischerdorf Camara de Lobos hatte er seine Staffelei aufgestellt, um zu malen, was bis heute das Marketingkonzept der Gegend bestimmt. Oberhalb von Funchal auf Klippen gebaut, bietet dieses Grand Hotel einen grenzenlosen Blick über den dunkelblauen Atlantik. Es war 1891 eröffnet worden und strahlt seitdem zeitlose Eleganz aus. Besonders der *afternoon tea* auf der Terrasse ist berühmt. Nur leider war es März und das Wetter nicht ganz Terrassen-gemäß.

Ich habe es nie bereut, Geld für wunderbare Hotels auszugeben – die Erinnerung daran behält man ein Leben

Es muss nicht immer ein Luxushotel sein: Camping in den Rocky Mountains

lang. Es darf aber ebenso ein Zelt in freier Natur sein – es kommt immer auf die Gesellschaft an. Dass ich beides mag, könnte daran liegen, dass mein Sternzeichen Zwilling ist – mit Aszendent Zwilling. Solche Menschen haben die Qual der Wahl, denn sie finden viele und oft höchst unterschiedliche Dinge und Lebensweisen schön und attraktiv.

Als Alleinreisende allerdings bevorzugte ich dann schon eher ein Hotel als ein Zelt. Wenn man nicht den ganzen Tag am Strand verbringen möchte, und die kaum vorhandenen Strände Madeiras sind, besonders im März, nicht das Eldorado der Sonnenanbeter, ist es vorteilhaft, sich ein Programm zu erstellen. So plante ich meine Woche durch. Habe ich schon erwähnt, dass ich es liebe zu planen – und gegebenenfalls auch wieder umzuplanen?

Beim Frühstück nahm ich mir eine Zeitung, die, selbstverständlich der Umgebung angemessen, an einem Zeitungsstock hing, so dass keine Ecke irgendwie in das Konfitürenbrötchen auf dem Teller klappen konnte. Ich genoss die ruhige Atmosphäre, den Ausblick, den Kaffee, das Frühstück und die verschämten und mitleidigen Blicke der um mich herumsitzenden Paare. Außer mir gab es keine Alleinreisenden, zumindest nicht beim Frühstück.

Den ersten Tag verbrachte ich natürlich mit der traditionellen Schlittenfahrt in Funchal. Ganz ohne Schnee, dafür mit freundlichen Männern, die die Korbschlitten auf Holzkufen mit Umsicht und auch ordentlichem Speed über die Straßen und Gehwege ins Tal lenkten. Frei nach dem Segler-Motto: eine Hand für das Boot, eine für sich selbst, haben sie einen Fuß auf dem Schlitten, mit dem anderen wird gelenkt und gebremst. Ein Spaß, den man sich nicht entgehen lassen sollte. Seit Anfang des neunzehnten Jahrhunderts waren das die öffentlichen Verkehrsmittel auf der Insel – allerdings nur talabwärts. Den Berg rauf musste man immer noch selbst laufen.

Ich hatte mich für eine Busfahrt in die Berge entschieden, immerhin ist der höchste Berg der Insel, der Ruivo, 1862 Meter hoch. Im Reiseführer hatte ich im Klima-Kapitel etwas vom »äußerst selten auftretenden Madeira-Tief« gelesen. Dann hatte ich wohl ausgemachtes Glück! Denn für meine Woche auf Madeira hatte sich genau dieses »selten auftretende Tief« festgesetzt. So endete die Busfahrt in die Berge dann auch im Schnee. Aber eine Insel mitten im Atlantik mit schneebedeckten Bergen hat natürlich auch ihren Charme – nur ich hatte nicht die richtigen Schuhe dabei.

Das Dumme als Alleinreisende zur damaligen Zeit war: Um ein Foto von sich selbst zu machen, musste man immer andere Menschen um Mithilfe bitten. Selfies per Handy gab es ja noch nicht. Also bat ich ein polnisches Ehepaar, welches ebenfalls diese Bustour gemacht hatte, um diesen kleinen Gefallen. Ich war leicht schockiert, als ich die Antwort in bestem Deutsch bekam: Aber gern, Frau Biewer!

Im Wanderparadies zwischen Sonne und Schauern

Dabei wähnte ich mich fernab von Deutschland immer etwas unbeobachteter und freier. Dieses freundliche Ehepaar wohnte in Hessen und gehörte zu unseren Zuschauern, respektierte aber meine »Anonymität«. Wir verbrachten dann den Abend beim gemeinsamen Essen.

Der nächste Tag bestand aus einer Levada-Wanderung. Mit über eintausendzweihundert Kilometern das längste Bewässerungssystem der Welt, sind es diese künstlich angelegten kleinen Kanäle und Wasserläufe, die Madeira, neben dem Wein, berühmt gemacht haben. Das kleine Madeiratief ließ sich nicht lange bitten, wanderte mit und schickte immer wieder mal einen Schauer vorbei. So viel Abwechslung hatte niemand in der Wandergruppe bestellt, aber es trübte in der milden Luft keinesfalls den Spaß! Besonders die Engländer in der Gruppe empfanden die Schauer als angenehm, verglichen mit dem vornehmen Nieselregen ihrer eigenen Insel weiter nördlich.

Die wunderbaren Begegnungen am Wegesrand ...

Einen nachhaltigen Eindruck haben bei mir die kleinen Muh-Häuschen hinterlassen. Überall in dem zum Teil sehr steilen Gelände standen kleine, fensterlose Häuschen, aus denen es muhte. Das waren Kühe, die, um Abstürze zu verhindern, das ganze Jahr über in »Einzelhaft« gehalten wurden. Nur im Frühjahr schickte man sie auf »Hochzeitsreise« auf die flachere Hochebene Paul da Serra im Westen der Insel.

Und natürlich darf neben den vielen kulinarischen Köstlichkeiten, die es dort gibt, der Madeira-Wein nicht unerwähnt bleiben! Dieses Zufallsprodukt der christlichen Seefahrt ist zu einem meiner Lieblingsgetränke geworden. Dazu gibt es eine kleine Anekdote, und die geht so:

Madeira war die letzte Station für Segelschiffe, um Proviant und Wein für die lange Reise nach Amerika oder Asien zu laden. Vor über vierhundert Jahren nahm ein Kapitän Weinfässer für einen Kunden in der portugiesischen Kolonie Macao an Bord. Dieser konnte jedoch die

Fracht nicht bezahlen und so nahm man die Fässer wieder mit zurück. Der Frachtraum wurde allerdings nun auf der Rückreise nach Europa für Seide, Tee und Gewürze gebraucht, so dass die Fässer an Deck festgemacht wurden. Nachdem der Wein nun gleich zweimal und monatelang um die halbe Welt geschippert war, wollte der Kapitän ihn vor der Rückkehr nach Madeira eigentlich über Bord werfen lassen. Dem Himmel sei Dank, kostete aber ein Matrose den Wein, der mittlerweile sehr viel besser schmeckte als der ursprüngliche! So war der Madeira-Wein geboren.

Da es jedoch unklar war, ob der verbesserte Geschmack nun vom Schaukeln der Wellen oder der Hitze unter der Sonne des Äquators kam, bescherte man jedem Weinfass für über hundertfünfzig Jahre eine mehrwöchige Kreuzfahrt in den Südatlantik und wieder zurück nach Madeira. Heute weiß man, dass es an der Sonne lag, die den Wein fermentierte – und nun ist Schluss mit den Kreuzfahrten für die Fässer. Der Wein kommt weniger romantisch, aber hygienischer, in Heizhäuser, wo er auf fünfundvierzig bis fünfundsiebzig Grad erwärmt wird. Nach fünf bis zwanzig Jahren oder mehr darf er das Fass verlassen und wird in Flaschen abgefüllt.

Selbstverständlich habe ich auch eine Flasche mitgenommen – da kommt Sonnenschein ins Glas! Und auch das selten auftretende Madeira-Tief hat mich in dieser Woche nicht weiter gestört. Doch so selten scheint es dann wieder nicht zu sein. Als nämlich mein Kollege Christian Häckl ein Jahr später ebenfalls im März dort war, gab es ein Remake meines kleinen Tiefs. Aber selbst wenn auf der »Insel des Ewigen Frühlings« zwischen November und März oft Aprilwetter herrscht, auch der April gehört ja zum Frühling!

Och, das war aber auch nicht schlecht!

Der Lachanfall

Dass Lachen etwas sehr Kraftvolles, Befreiendes und oft auch Ansteckendes hat, wussten schon die alten Griechen und erfanden nach der Tragödie die Komödie. Dem Lachen wohnt eine Kraft inne, die nicht so demokratisch eingestellte Gesellschaften fürchten wie der Teufel das berüchtigte Weihwasser. Lachen kann ein Ventil sein, wenn die Dinge sich plötzlich ins Absurde wenden oder die Situation so ungewöhnlich ist, dass sich der Mensch nicht anders ausdrücken kann, ohne den Verstand zu verlieren.

An dieser Stelle sollte ich vielleicht erwähnen, dass ich aus einem Schauspielerhaushalt stamme. Meine Eltern, Gerd Biewer und Brigitte Krause, hatten sich Anfang der sechziger Jahre an der Berliner Volksbühne kennen- und lieben gelernt und schließlich am 1. April 1976 auch geheiratet, was natürlich alle für einen Aprilscherz hielten. Im Rathaus Köpenick waren nur mein Bruder, meine Oma und ich dabei. Und ein überdimensional großer Erich Honecker, der gestreng von der Wand auf das Brautpaar herabblickte. Meine Mutter war über zwanzig Jahre, bis zu ihrem Ausscheiden 1989, im Ensemble des Kabaretts »Die Distel« engagiert. Das war, und ist es bis heute, ein politisches Kabarett-Theater. Damals konnten DDR-Bürger dort durch Lachen etwas Dampf aus dem Kessel des real existierenden Sozialismus ablassen. Natürlich kam vor jeder Premiere der

Meine Mutter
Brigitte Krause

Mein Vater Gerd Biewer:
Die Zigarette war immer
dabei

Zensor, um das Programm abzunehmen und Passagen zu
ändern oder ganz zu streichen, und einmal, kurz vor der
Wende, wurde auch das gesamte Programm verboten. So
bin ich von klein auf mit der Gefährlichkeit und Kraft des
Lachens, der Satire und des Humors aufgewachsen. Die
Karten der »Distel« waren heiß begehrt und die Vorstellun-
gen Jahre im Voraus ausverkauft. Was uns wiederum in
den glücklichen Zustand versetzte, dass meine Mutter im
alltäglichen Tauschhandel der DDR ein Pfand einsetzen
konnte, das einen hohen Wert besaß. Geld hingegen besitzt keinen allzu großen Wert in einer Tauschgesellschaft.

Andere Schauspieler an Theatern wie der Volksbühne oder dem Berliner Ensemble waren da nicht so gut dran.

Ich hatte nie Angst, dass über mich gelacht wurde – bereits während des Schauspielstudiums wurde uns von Professor Braulich in Theatergeschichte immer wieder klar gemacht: Ihre Herkunft ist nicht von den hehren Mimen der Antike! Sie kommen von den Jahrmarktsspielern mit der Tomate im Gesicht! Ich verehrte Professor Braulich nicht nur wegen dieser Äußerung und habe seinen Spruch bis zum heutigen Tage verinnerlicht. Trotz der Jahrmarktsherkunft kann ich keine Witze erzählen und sie noch viel weniger behalten.

Es muss etwa 1993 gewesen sein, da verlangte mein neuer Redaktionsleiter von *Guten Morgen Deutschland*, das Luxemburger Urgestein Nic Jakob hatte Berlin leider verlassen, ich möge doch so witzig sein wie mein Wetterfroschkollege, der immer dann moderierte, wenn ich frei hatte. Er brachte jeden Tag neue Requisiten mit und erzählte Witze. Nicht unbedingt Witze, über die ich gelacht hätte, aber er wollte es eben anders machen. Ich erwiderte, dass ich keine Witze erzählen könne und auch nicht täglich mit neuen Requisiten kommen würde, denn schließlich nutze sich irgendwann jeder Gag auch ab. Wenn es nicht reiche, dass ich in meiner Art das Wetter präsentiere, dann sollen die Zuschauer eben entscheiden, und ich gehe. Ich würde mich aber nicht verbiegen und Dinge tun, von denen ich von vornherein weiß, dass ich sie nicht kann. Lernen kann man das Witze erzählen nämlich nicht. Man hat es eben – oder nicht. Den Zuschauern sei Dank hatte sich diese Diskussion dann überraschend schnell erledigt.

Manche Zeitgenossen können mit Witzen einen ganzen Abend bestreiten und sind der Mittelpunkt jeder Party –

oder üben das Ganze sogar beruflich aus. Besonders im rheinischen Karneval gibt es davon einige, die wirklich sehr gut und witzig sind. Das ist eine Kunst, ich kann sie nicht.

Ich bin aber, wie man am Theater sagt, ein Lachwurzen. Ich liebe es zu lachen, oft auch über mich selbst und meine Unzulänglichkeiten, wovon es einige gibt.

Es war im Jahr 1989, die Mauer war bereits gefallen, da tourte ich mit dem Tourneetheater Landgraf und Friedrich Schillers »Jungfrau von Orleans« durch die deutschsprachigen Lande – von Norderstedt bei Hamburg bis Bozen in Südtirol, nur eben kreuz und quer und nicht sehr geordnet. Vor einer Vorstellung, die »Jungfrau« und ich teilten uns eine Garderobe, hatten wir viel Spaß, waren etwas angeheitert, aber uns sicher: Bis zu unserer gemeinsamen Szene haben wir uns wieder im Griff. Dann standen wir uns auf der Bühne in unserer Zweier-Szene gegenüber, guckten uns in die Augen und konnten das Lachen kaum unterdrücken. Wer das Stück kennt, weiß, dass es kein Lustspiel ist. In der eher traurigen Szene begegnen sich die Heilige Johanna und Agnes Sorel, die Geliebte des Königs, die ich verkörperte. Wir konnten unser Lachen aber nicht aufhalten und mussten uns wegdrehen, so dass wir dem Publikum eine ganze Weile unsere Rücken zuwandten. Da Lachen und Weinen im Leben oft nah beieinander liegen, verschluchzten wir den Rest der Szene.

Es kam der nächste Abend, eine neue Stadt und die Angst vor der Szene, die wir gestern verlacht hatten. Schließlich auf der Bühne guckten wir uns wieder in die Augen und ... konnten das Lachen nicht mehr aufhalten, so dass wir auch diesen Abend mit dem Rücken zum Publikum verschluchzten. Das zog sich noch vier weitere Abende an immer dergleichen Stelle hin, bis wir uns endlich wieder im Griff hatten.

Es ist mir aber auch auf der Beerdigung meiner geliebten Oma passiert, dass ich mich mit verkniffenem Lachen kaum noch vor lauter Krämpfen in der Bauchmuskulatur halten konnte, als nämlich der unsagbar schlechte Trauerredner ständig in lauter und mahnender Stimme an die Urne meiner Großmutter gerichtet sagte: »Nun, 's ist Feierabend!« Ja, natürlich ist nun Feierabend! Ging es mir durch den Sinn.

Der an dieser Stelle unangebrachte Lacher wurde aber mit jedem Mal schlimmer, wenn der Redner wiederholte: »Nun 's ist Feierabend!« Und er tat dies einige Male! Meine Mutter, die meine Bauchschmerzen bemerkt hatte, zeigte für dieses Lachen aber das größte Verständnis.

Ein anderes Mal, welches mir in lebhafter Erinnerung blieb, war eine Hochzeit in Nordhausen. Freunde von uns hatten zu einer recht groß angelegten kirchlichen Hochzeit eingeladen. Mein damaliger Freund und ich durften sogar in

Mit meiner Oma vor dem Lieblingsmotiv meiner Mutter – unserem Kirschbaum im Garten

der Kirche in der ersten Reihe neben den Eltern der Braut Platz nehmen. Der Pastor sprach schöne Worte und kam dann irgendwann auf den Vergleich einer Ehe mit Otto von Guerickes Experiment der Magdeburger Halbkugeln.

Für die Leser, die im Physikunterricht Kreide holen waren: 1656 hatte von Guericke in Magdeburg aus einer Kugel mit zweiundvierzig Zentimeter Durchmesser, die aus zwei Kupferhalbkugeln bestand und versiegelt war, mit der von ihm erfundenen Kolbenpumpe die Luft abgesaugt und so ein Vakuum geschaffen. Die beiden Halbkugeln waren auch mit acht Pferden, die auf jeder Seite zogen, nicht mehr zu trennen.

Der Pastor sagte nun, dass das Ehepaar wie die Magdeburger Halbkugeln zusammenhalten solle. Da raunte mein Freund mir zu: Das geht aber nur, wenn die Luft raus ist! Das war Situationskomik, und ich hatte größte Probleme, meine Lachtränen zu unterdrücken. Als mir die Brautmutter dann ganz diskret ein Taschentuch herüberschob, da sie meine Tränen für Tränen der Rührung hielt, war es vollends um mich geschehen. Zu meiner Ehrenrettung muss ich sagen, dass ich die Zeremonie nicht gestört habe, aber am nächsten Tag vor Bauchmuskelkater kaum atmen konnte.

Kaum etwas hat in meinen langen Jahren als Wettermoderatorin so zu meiner Bekanntheit beigetragen wie – ein Missgeschick! Im Nachhinein betrachtet war das Missgeschick das Beste, was mir passieren konnte. Das kann man nicht oft von Missgeschicken behaupten!

Wir sind in der Frühschicht eine wirklich lustige Truppe, auf die man sich verlassen kann, und das allein schon macht das Aufstehen viel einfacher. Die Stimmung war zum Teil so gut, dass wir, alle noch etwas jünger, nachts bei richtig guter und lauter Musik buchstäblich auf dem Tisch tanzten. Nicht, dass wir die Vorhersagekarten mit Füßen getreten hätten, aber die Stimmung war einfach cool und entspannt, dabei kreativ, kurz, das, was man beim Fernsehen eigentlich erwarten darf.

Nun akkumuliert sich, zumindest bei mir, im Lauf der Woche das Schlafdefizit, bis ich am Freitag glücklich um neunzehn oder zwanzig Uhr im Bett liege und zum Teil zwölf Stunden durchschlafe.

Der Tag, an dem es zum Lachanfall kam, war ein Donnerstag. Das Schlafdefizit hatte sich dementsprechend schon etwas aufgebaut. Wir hatten bereits etliche Tassen Kaffee intus, der Kreislauf lief auf Hochtouren und ich war ziemlich gut drauf.

Nun ist es so, dass die Konzentration nicht immer gleich hoch ist im Leben. In den Momenten, wo das Rotlicht der Kamera aber angeht, ist sie – bei mir – sehr hoch, und man nimmt andere Dinge wahr, auch solche, die in der Peripherie passieren, oder kleinste Geräusche, da wirklich alle Antennen »auf Empfang« gerichtet sind. Dass Zeit relativ ist, wusste schon Einstein. Vor der Kamera oder in Situationen, bei denen plötzlich ungeplante Dinge passieren, wie ein Unfall zum Beispiel, erlebt man mitunter Zeit ganz anders. Da können Sekunden plötzlich zu Minuten und Stunden werden. So war es auch bei meinem Lachanfall.

Statt des von mir geplanten Satellitenfilmes wurde plötzlich – und nur für eine Sekunde – mein Kollege Leonard Diepenbrock von der Regie eingeblendet. Er war gerade mit den Nachrichten fertig geworden und dachte, er sei nicht mehr im Bild. Also gönnte er sich zu der frühen Stunde, es war kurz nach sechs Uhr, ein herzhaftes Gähnen.

Ich sah ihn in »Spielfilmlänge« gähnen, während der noch verschlafene Zuschauer es wohl kaum wahrnehmen konnte, und mir entglitt ein: »Och, das war aber auch nicht schlecht!« Dann kam der Satellitenfilm, und ich versuchte in meiner Wettermoderation weiterzumachen. Dachte aber, während ich über das Wetter redete: Das hast du jetzt nicht wirklich live vor der Kamera gesagt?! Doch, antwortete eine innere Stimme. Daraufhin kam ich etwas ins Lachen, versuchte aber gleichzeitig, meine Vorhersage weiter an den Zuschauer zu bringen, der ein Anrecht auf Information am Morgen hat, auch über das Wetter.

Doch dann kam die innere Stimme wieder und sagte: Mensch, es ist doch so früh am Morgen, es gucken doch eh nicht so viele, lass doch dem Lachen freien Lauf!

Nein, auch die wenigen Zuschauer haben ein Anrecht auf ihr Wetter!

Ach, vergiss das Wetter für den Moment, du bekommst dich ja eh nicht in den Griff, sagte die innere Stimme.

Doch, ich kriege mich wieder ein, sagte die andere.

Der Wettstreit zwischen Lachen und Sich-wieder-in-den-Griff-Bekommen ist ein harter und meist aussichtsloser Kampf. Denn, dem Allmächtigen sei Dank, meist gewinnt das Lachen. Und so kam ich mit meiner Wettervorhersage zwar irgendwie zu Ende, hatte aber meine Zeit gnadenlos überzogen. Es war eben live!

Frühmorgens schauen natürlich nicht ganz so viele Zuschauer wie abends. Daher ist die Atmosphäre auch etwas intimer. Nicht zuletzt »sitzt« man bei den Zuschauern mit am Frühstückstisch, wenn man so will, ist vielleicht beim Zähne putzen, dem Frühstücksbrote schmieren oder dem Feierabendbier der Nachttaxifahrer dabei. Die Zuschauer frühmorgens sind sehr treue Zuschauer, denn ihre Zahl hat sich in den letzten Jahrzehnten nicht viel verändert. Die Gäste in den Hotels werden leider nicht mitgezählt.

Diese denkwürdige Aufnahme gelang mir im Jahre 2001, im August. In diesem Jahr gab es nach dem September nicht mehr allzu viel zu lachen, und so wurde ich dann auch als Gast zu Günter Jauchs Jahresrückblick eingeladen.

Womit ich im Jahr 2001 nicht gerechnet hatte, war das Internet. Es steckte nämlich noch in den Kinderschuhen. Aber der Lachanfall verbreitete sich ab sofort und in den darauffolgenden Jahren um die ganze Welt und wurde Teil diverser Sendungen zu Missgeschicken, die besonders gern um Silvester gezeigt werden.

Es erreichten mich E-Mails und Anfragen aus aller Welt, selbst von einer Organisation für selbstmordgefährdete Jugendliche im fernen Neuseeland, die ich dann unterstützte. Die österreichischen Klinikclowns, die Kindern in Krankenhäusern etwas mehr Spaß in ihr trauriges Schicksal bringen, baten ebenso um Mithilfe wie Lachyogalehrer und viele andere.

Besonders berührten mich aber Briefe und E-Mails von depressiven Menschen, die schrieben, dass es ihnen nach meinem Lachanfall ein kleines bisschen besser ginge. Diese Briefe bekomme ich auch heute noch – fast zwanzig Jahre später.

Und wenn ich erreicht habe, dass es Menschen durch mein Missgeschick für eine Weile ein bisschen besser geht, dann bin ich mehr als glücklich!

... ob ich so romantisch veranlagte wäre oder einen Stromausfall befürchte.

Blackout

Seit fast zwei Jahren war ich bereits jeden Monat nach Montreal zu meinem Mann geflogen und hatte schon einiges der Kultur, Sprache, Lebensweise und auch der kulinarischen Spezialitäten von Quebec kennengelernt, aber eines der nachhaltigsten meteorologischen Ereignisse kam dann im Januar 1998.

Silvester war gerade vorüber, und alle guckten voller Erwartung und Hoffnung in das neue Jahr, da lautete die Wettervorhersage der Kollegen bei Meteomedia, die wir täglich guckten, auf ein Zusammentreffen von arktischer Luft aus dem Norden mit feucht-warmer Luft aus dem Golf von Mexiko, die sich nach Norden aufmachte. Wenn sich nun die warme Luft aus dem sonnigen Süden auf die kalte Luft aus Eisbärenregionen schiebt und Regen fällt aus den Wolken, dann gefriert dieser und das Ergebnis ist Eisregen, gefrierender Regen oder Graupel.

Die Vorhersage bei Temperaturen um den Gefrierpunkt ist die Königsklasse der Meteorologie. Denn wenn man sich auch nur um einige wenige Grade daneben bewegt, wird schnell und ganz eindeutig aus Regen Schnee oder umgekehrt. Einfluss hat die Temperatur am Erdboden und in tieferen Erdschichten. Und wenn sich die Temperaturen auch nur ein kleines bisschen um den Gefrierpunkt verschieben, was sie selbstverständlich gerne machen, dann wird die Vorhersage mitunter zum Glücksgriff – oder eben auch nicht. Zudem gibt es natürlich auch noch das Mikroklima, welches in kleinräumigen Regionen gern ein bis zwei Grad von der Vorhersage abweicht.

Für den 4. und 5. Januar 1998 stand also Eisregen für die Provinzen Ontario und Quebec auf dem Programm.

Wir wohnten zu der Zeit auf der Île des Sœurs oder Nuns' Island, keine zehn Minuten von Downtown Montreal entfernt. Diese Insel gehört seit 1695 der Kongregation der Schwestern von Notre-Dame, daher auch der Name: Insel der Schwestern. Das Condominium, Condo genannt, welches mein Mann gemietet hatte, lag im fünfzehnten Stock. Condos sind etwas hochwertiger als Apartments in der Konstruktion, weil sie schallisoliert gebaut werden. Sie sind häufig in Nordamerikas Großstädten anzutreffen. Wir hatten einen wunderbaren Blick über den angrenzenden Stadtteil Verdun und den breiten Sankt-Lorenz-Strom, gegen den sich der Rhein wie ein kleiner Seitenarm ausnimmt. Auf dem Sankt Lorenz tummeln sich im Winter gern die Eisschollen, da war auch jener Januar keine Ausnahme.

Ich bin ein Mensch, der immer gern vorbereitet ist. Natürlich weiß ich, dass man sich nicht auf alles im Leben vorbereiten kann, aber man kann es zumindest versuchen – der Rest wird dann improvisiert. Ich betreibe eine gewisse Vorratswirtschaft, die wohl noch aus Zeiten meiner Sozialisierung im real existierenden Sozialismus resultiert. So dachte ich beim Einkaufen an jenem Tag, dass es vielleicht gut wäre, ein paar Kerzen mehr zu kaufen, auch wenn Weihnachten schon vorbei war. Und das tat ich. An der Kasse fragte mich die freundliche Kassiererin, ob ich so romantisch veranlagt wäre oder einen Stromausfall befürchte. Mit der zweiten Vermutung lag sie richtig, wobei ich auch nicht völlig unromantisch bin.

Sieht schön aus, ist aber nicht ungefährlich!

Es eisregnete und eisregnete ... mit kurzen Unterbrechungen. Mittlerweile wurde überall im Radio und Fernsehen gewarnt, nicht mehr in den Wald zu gehen, da eisbeladene Äste abbrechen könnten, die sogenannten *widow makers*, also Witwenmacher. Hier hat die Emanzipation noch keinen Einzug in die Sprache und den Wald gehalten. Denn Hintergrund des Ausdrucks ist, dass es wohl meist Männer sind, die im Wald arbeiten. Ein bis zwei Tage später wurde gewarnt, man solle, wenn möglich, gar nicht mehr aus dem Haus gehen. Die Schulen, zahlreiche Einrichtungen und Betriebe hatten die Arbeit zu dem Zeitpunkt sowieso bereits eingestellt.

Es sieht wunderbar und wie im Zauberwald aus, wenn sich das Eis über die Zweige und Äste legt. Besonders, wenn dann noch die Sonne darauf scheint. Mitunter ist der Eispanzer aber so schwer, dass sich die Bäume dauerhaft verbiegen oder eben brechen. Das tut einer zarten Seele wie meiner dann schon weh, die Bäume so gebogen zu sehen. Dass der Eispanzer aber auch etwas Gutes haben kann, zeigt sich oft im Frühjahr in Deutschland. Immer dann, wenn die Obstblüten plötzlich strengem Frost ausgesetzt werden könnten, vereisen die Obstbauern die zarten Blüten, um sie so vor dem Frost zu schützen.

Leider schien aber keine Sonne an jenen Tagen, sondern der Himmel blieb grau, wolkenverhangen, und der Eisregen ging weiter. Am Ende des dritten Tages, es dämmerte bereits, sahen wir von unserem Condo über der sich immer mehr in einen Eispanzer verwandelten Nachbarschaft, wie ein Trafo-Häuschen im benachbarten Stadtteil Verdun unter vielen Lichtblitzen und mit einer kleinen Explosion als Abschluss sein Leben aushauchte. Anschließend wurde es im weiteren Umkreis des Trafo-Häuschens dunkel. Keine Beleuchtung mehr in den Häusern und auf den Straßen. Nur die wenigen Autos, die ganz langsam unterwegs waren,

Die armen Bäume

leuchteten mit ihren Scheinwerfern noch durch die schnell aufziehende Nacht.

Da wurde uns der Ernst der Lage bewusst, denn die Einschläge kamen buchstäblich näher. In Nordamerika gibt es zwar oft einen Kamin in den Häusern und manchmal auch in Apartments und Condos, aber hauptsächlich wird mit Strom geheizt. Wir hatten keinen Kamin. Der Strom kommt in Quebec ausschließlich aus Wasserkraftwerken. Die Stromleitungen liegen oder besser: hängen zum allergrößten Teil über Land.

Es dauerte nicht lange, da fiel auch bei uns in der Wohnung der Strom aus. Kein Fahrstuhl mehr, kein Fernseher oder Computer mehr mit weiteren Vorhersagen, kein Licht – aber für den Fall hatte ich ja mit den Kerzen vorgesorgt und so der Situation sogar noch eine kleine romantische Note verliehen. Vor allem aber gab es keine Heizung

Ein Trauerspiel dann auch im Rest des Jahres

mehr. Wir zogen uns warm an, mit Mütze auf dem Kopf, um die Wärme noch so lange wie möglich zu speichern. Der Herd funktionierte natürlich ebenso mit Strom wie der Wasserkocher und jeder andere zivilisatorische Luxus. Auch die Pumpen, die das Wasser bis in den fünfzehnten Stock brachten, fielen aus. Vieles, was man für selbstverständlich nimmt und das eigentlich unbemerkt einfach still funktioniert, funktionierte eben jetzt nicht mehr. Ohne Strom sehen wir ganz schnell ganz schön alt aus. Das wird jedem in solchen Situationen sehr schnell bewusst.

Wir gingen ins Bett – mehr konnte man in dem Moment nicht machen – und hofften auf die fleißigen Reparateure von Hydro Quebec, dem Stromversorger der Provinz. Die Reparaturmannschaften hatten sicher die aufreibendsten Tage ihres Arbeitslebens vor sich. Der Eisregen setzte sich nämlich bis zum zehnten Januar fort. Es fielen in diesen sieben Tagen bis zu EINEM Meter Eisregen und Graupel, besonders von Kingston in der Provinz Ontario bis in die Eastern Townships östlich von Montreal. Es war eine der größten Naturkatastrophen in Kanada der letzten Jahrzehnte. Fünfunddreißig Menschen verloren ihr Leben, fast eintausend wurden verletzt und 600 000 Menschen mussten, zum Teil mehrere Wochen, in Notunterkünfte ziehen und dort versorgt werden. 2,6 Millionen Menschen, etwa zwanzig Prozent der arbeitenden Bevölkerung, waren betroffen und konnten nicht zur Arbeit. Ein Fünftel der Ahornsirupbäume war beschädigt, und manche Farmer verloren ihren gesamten Baumbestand.

Der nationale Notstand wurde ausgerufen. 15 000 Angehörige der kanadischen Streitkräfte kamen zum Einsatz. Sie gewährleisteten die medizinische Versorgung, halfen bei der Errichtung von Notunterkünften und unterstützten die Wiederherstellung der Stromversorgung. Die *Operation*

Recuperation war die größte Aktion der Armee in Friedenszeiten.

Wir hatten zumindest noch Benzin im Tank unseres Autos, denn auch die Zapfsäulen werden ja elektrisch betrieben, und ich wollte meinen KLM-Flug zurück nach Europa bekommen, denn schließlich musste ich wieder zurück zur Wetterkarte. Ich hatte der Redaktion angeboten, aus Montreal zu berichten, aber das Ereignis war zu weit weg, um für deutsche Zuschauer interessant zu sein. Diese Einschätzung änderte sich dann zwei Tage später – nachdem ich wieder in Köln war.

So fuhren wir auf dem Weg zum Flughafen ganz langsam über die leere Stadtautobahn. Es war spiegelglatt, denn auch die Räumdienste fuhren nicht mehr. Mittlerweile ging niemand mehr zur Arbeit, der dies nicht unbedingt musste, wie die Rettungskräfte zum Beispiel. Um die Laternen- und Stromversorgungsmaste hatte sich in den letzten Tagen ein zentimeterdicker Eispanzer gebildet, einige waren bereits umgeknickt oder in eine bedrohliche Schieflage geraten. Diese Fahrt werde ich nicht vergessen, denn sie glich einem russischen Roulette: Hält der Mast noch, bis wir vorbei sind – oder fällt er, während wir gerade vorbeifahren, auf unser Auto? Endlich waren wir am Flughafen angekommen! Mein Mann musste die Fahrt zurück und die nächste Runde russisches Roulette allein weiterspielen.

Natürlich war ich nicht die Einzige, die schnell raus wollte. Ich hatte aber zumindest einen festgebuchten Flug. Der Flug wurde auch abgefertigt, Winterbetrieb ist man in Montreal ja gewöhnt. Allerdings war auch hier der Stromverbrauch auf ein Mindestmaß reduziert worden, was sich unter anderem an der kuschligen Beleuchtung zeigte.

Endlich saß ich im Flieger! Da fast alle Maschinen nach Europa zur gleichen Zeit abheben, warteten natürlich auch

Air France, Swiss Air, Lufthansa und andere in einer langen Schlange nach dem Enteisen vor der Startbahn. Die Air-France-Maschine kehrte zum Terminal zurück, wie ich sah. Die anderen ebenso. Der Pilot meiner KLM muss ein altgedienter Militärpilot gewesen sein, jedenfalls standen wir nun als einzige verbliebene Maschine am Beginn der Startbahn. Eine Niederländerin mit karibischen Wurzeln betete mit Inbrunst und geschlossenen Augen neben mir. Und auch ich schickte ein Stoßgebet zum Himmel und bat sämtliche Schutzengel zur Generalversammlung. Selbst als Passagier ohne fliegerische Ausbildung konnte man ganz deutlich merken, wie die Räder auf der vereisten Startbahn durchdrehten. Hoffentlich bekommt er ausreichend Geschwindigkeit, um abheben zu können ... alles andere wollte ich mir nicht vorstellen! Es war gespenstisch still im Flugzeug. Allen war der Ernst der Situation bewusst. Alle hatten bereits den Eissturm erlebt, den gefährlichen Weg zum Flughafen hinter sich und wollten nur noch raus aus der Eis-Hölle.

Die lange Startbahn konnte nicht eisfrei gehalten werden, denn der Eisregen ging einfach weiter. Daher war auch unser Flug der letzte, der abhob. Anschließend wurde der Flughafen Montreal-Dorval für mehrere Tage geschlossen.

Wir flogen durch den Eisregen, stiegen immer höher und höher ... und landeten sieben Stunden später in Amsterdam, bei Plusgraden, grauem Himmel und etwas Regen.

Auch wenn in Deutschland die meisten Stromleitungen unter der Erde verlegt sind, so erinnern sich vielleicht noch einige an den 25. November 2005. Auch hier kam es im Münsterland durch Eisregen und schweren Nassschnee zu einem dicken Eispanzer, der die Strommasten umknicken ließ. Einige Landstriche waren tagelang ohne Strom.

Man mag mich als Schwarzseher bezeichnen, aber ich möchte nicht ausschließen, dass uns solche Ereignisse hin und wieder treffen können. Vielleicht ist es gut, sich vorher einen Plan B zurechtzulegen. Ich habe seitdem eine kleine Taschenlampe mit Dynamo, die ich in einem Museum in Hagen erworben habe. Bevor es ein Museum wurde, war es ein Hochbunker im Zweiten Weltkrieg, der bei den schweren Bombardements in Hagen als Unterkunft genutzt wurde.

Ein Jahr nach dem großen Eisregen und Blackout in Montreal bauten wir ein Haus. Was dabei absolut nicht fehlen durfte, war der Anschluss für einen Generator! Wir hatten die Möglichkeit, mit Erdgas zu heizen und zu kochen, was wir auch mit Freude taten. Wir versuchten, die Abhängigkeit allein vom Strom etwas einzudämmen. Natürlich kam kein Blackout mehr, solange wir dort wohnten. Aber vielleicht verhält es sich damit wie mit dem Regenschirm. Den hat man immer dabei, wenn man möchte, dass es nicht regnet …

*Ich suchte mir schnell
einen dazu passenden
dunkelvioletten Anzug aus.*

Mit einem blauen Auge davongekommen

Mitunter schlägt das Leben seltsame Wege ein und Dinge nehmen ihren Lauf, obwohl sie gar nicht so gedacht sind.

Der Drei-Uhr-Frühdienst verlangt dem Körper schon einiges ab. So richtig können dies wohl nur Menschen verstehen, die ebenfalls zu diesen merkwürdigen Uhrzeiten arbeiten. Auch wer in Wechselschichten arbeitet, muss seinem Körper mitunter gut zureden, wie einem lahmen Esel, um weiter den Berg hinaufzugehen. Nach dem Frühdienst lege ich mich am Mittag, sooft es geht, etwas schlafen. Einmal erwachte ich in heller Panik: Es ist schon hell!!! Ich habe verschlafen!!! O Gott, schnell die Redaktion anrufen und versichern, dass ich schon auf dem Wege bin. Die Kollegen jedoch brachen am anderen Ende des Telefons in lautes Lachen aus: Du hast heute schon gearbeitet!

Auf diesen Schreck brauchte ich erst mal einen Wiederwach-werde-Kaffee.

Natürlich geht man auch »mit den Hühnern ins Bett« – und wer Kinder hat, meist noch vor diesen. Mitunter klingelt aber dann noch mal das Telefon. Selten zwar, aber wenn es klingelt, muss es auch etwas Ernstes sein, da mittlerweile mein gesamter Freundeskreis sich nicht mehr traut anzurufen, denn niemand weiß so genau, wann und ob ich schlafe.

Eines unschönen Tages oder besser Abends, ich war gerade in die erste Tiefschlafphase gesunken, die tiefste Schlafphase, die wir haben, riss mich ein Telefonklingeln aus dem Schlaf. Ich stolperte mehr als ich ging, die Augen noch ziemlich zu, außerdem war es mittlerweile draußen dunkel geworden und so auch in meiner Wohnung. Ich gar nicht erst das Licht angemacht, da ich ja gleich weiterschlafen und mich nicht komplett aus dem Schlaf holen lassen wollte, und meine kleine Dreizimmerwohnung kannte ich mittlerweile auch, dachte ich. Womit ich nicht gerechnet hatte, war meine Vorliebe, die Türen nicht ganz zu öffnen oder zu schließen. Ob das eine Marotte des Sternzeichens Zwilling ist, das sich eben nicht entscheiden kann, vermag ich nicht zu sagen. Und so rannte ich mit voller Wucht mit dem Kopf gegen die halb geöffnete Schlafzimmertür. Autsch! Das tat ziemlich weh und gab garantiert eine dicke Beule auf der Stirn. Als ich endlich das Telefon erreichte, war ... meine Mutter dran, um mit mir über dies und das zu plaudern. Sie hatte vergessen, dass ich in dieser Woche im Frühdienst war. Nachdem wir das schnell geklärt hatten, versuchte ich noch etwas die Stirn zu kühlen, natürlich im Dunkeln und ohne Festbeleuchtung im Bad, um nicht vollends wach zu werden. Danach ging ich wieder zurück ins Bett.

Was ich in der Dunkelheit nicht bemerkt hatte: Es war nicht nur die Stirn, sondern auch das rechte Auge, das etwas abbekommen hatte, ziemlich viel sogar, wie sich später zeigte. Es begrüßte mich früh um halb drei in einem tiefvioletten Farbton und in geschwollener Variation. Ich suchte mir schnell einen dazu passenden dunkelvioletten Anzug aus meinem Schrank und fuhr in den Sender.

Wir haben im Frühdienst immer zwei Maskenbildnerinnen, die ab vier Uhr für ihre »Kundschaft« bereitstehen. Als ich zur Maske hereinkam, fragte ich: »Wer ist die bessere Maskenbildnerin?« Und während die eine fragte, warum?, antwortete ihre Kollegin, »Wow! Du hast aber ein schönes Veilchen!« Zu dieser setzte ich mich dann auch auf den Stuhl und bat, die andere Seite nur der »Veilchenseite« anzupassen, dann stimme es schon. So machten wir's.

An jenem Morgen erschien in den Wetterbildern unter anderem ein großes Stiefmütterchen. Diese Moderation animierte Stefan Raab in seiner Show bei *Pro 7* zu einem Rap zum Frühling: MC Maxi Beaver in the House.

Ich war sehr überrascht, als mir Kollegen später den Rap vorspielten, denn natürlich hatte er mich nicht vorher um Erlaubnis gebeten oder informiert, und abends schaltete ich nie den Fernseher ein, da ich ja selbst sehr früh aus demselben, möglichst munter, für die Zuschauer rausgucken wollte. Ich fand den Rap witzig und gut, zeugte er doch mehr von Raabs Musikalität als von meiner.

Und um mit allen Gerüchten aufzuräumen: Nein, finanziell hatte ich nichts davon, es hat aber meiner Bekanntheit nicht geschadet, da bei Raab am Abend bei *Pro 7* ja ganz andere Zuschauer guckten als bei uns am Morgen, und viele, besonders junge Fans, wollten nun Autogramme von »Maxi Beaver«. Die konnte ich aber nur unter meinem bürgerlichen Namen, Maxi Biewer, liefern.

Was Stefan Raab und die Redaktion offenbar nicht bemerkt hatten, war mein »Veilchen«, denn sonst hätte er es ganz sicher noch eingebaut. Dieses kleine Geheimnis zum Rap vom Raab war bis dato nur wenigen Zuschauern bekannt ... und nun auch Ihnen.

Meine Frau besitzt
viel Geschmack
und würde Sie gern
bei der Auswahl beraten ...

Was ziehe ich bloß an?

Diese Frage stellt sich nicht nur jede Frau jeden Tag, die Männer wahrscheinlich auch, wohl aber nicht mit derselben Intensität.

Wenn man aber jemand oder jemandIn ist, der oder die vor einer Kamera agiert, dann stellt sich die Frage ganz besonders. Denn es geht nicht nur um die Farbe und die Kernfrage Hose oder Kleid beziehungsweise Rock. Es geht auch um den Stil, die Kürze oder Länge des Kleides, den Anlass und all die anderen Faktoren, also ein wirklich großes Repertoire an möglichen Steinen des Anstoßes.

Verschiedene Fernsehanstalten haben dabei natürlich auch unterschiedliche Herangehensweisen. So stellen manche Sender ihren Mitarbeitern, die vor der Kamera arbeiten, ein mehr oder weniger großes Budget zur Verfügung, damit diese sich selbst einkleiden können. Manche Moderationskolleginnen und -kollegen brauchen sich auch nur um die Oberteile zu kümmern, da der Rest eh hinter einem Tisch verschwindet. Andere, und dazu gehören die Wettermenschen, sind jedoch von Kopf bis Fuß beziehungsweise bis zum Schuh zu sehen. Da wird das Einkleiden schnell etwas teurer.

Zu meiner Anfangszeit bei *RTL* musste ich das Einkleiden selbst übernehmen, und bei etwa zwanzig Diensten im Monat ging ein Großteil der Gage für die Klamotten drauf. Es gab nämlich keinen Zuschuss. Ab November 1994, nachdem wir in Köln mit der Sendung *Punkt 7* gestartet waren, übernahm das Einkleiden dann der Sender.

Nun gibt es in der Modewelt die Frühjahrs-/Sommerkollektion und die Herbst-/Winterkollektion. Die Designer und Modefirmen sind sich meist ziemlich einig, was die Farbgebung und Designs betrifft, mal alles in Schwarz und dunkelstem Blau, dann wieder das allermeiste nur in Braun für den Winter oder im Sommer alles blumig, gern auch mit grünen Blättern, was den Einsatz vor einer Greenbox sehr schwierig macht. Die Greenbox ist der grüne Hintergrund in einem virtuellen Studio, in den sich dann die Karten, Hintergründe oder Grafiken legen lassen. Da die Auswahl an Farben meist beschränkt ist, habe ich mir mittlerweile eine kleine Sammlung aufgebaut, auf die ich zurückgreifen kann, um auch andere Farben als nur die aktuellen anziehen zu können. Wenn man genug Platz und Geduld hat, kommt eh alles wieder in der Mode. Mal sind die Jacken etwas länger, dann wieder taillenkurz ... Auch die gigantischen Schulterpolster werden ihr Comeback erleben, allerdings nicht bei mir. Das Fahrrad kann eben nicht zweimal erfunden werden. Es war alles schon einmal da. Die Vorliebe meiner jüngeren Kolleginnen für die Farben und Designs der siebziger Jahre teile ich zum Beispiel nicht, vielleicht, weil ich die Zeit selbst erlebt habe und Schlaghosen schon damals nichts abgewinnen konnte.

Mein Outfit, aber nicht nur meines, gab und gibt immer Stoff für viele Diskussionen. Auch da befinde ich mich in einem großen Kreis von Kolleginnen, denn diese Frage treibt natürlich alle um, Zuschauer und Zuschauerinnen genauso wie die agierenden Personen vor der Kamera.

Es ist wirklich schwer, es allen recht zu machen. Manche Zuschauer schreiben, Hosenanzüge stehen Ihnen am besten, andere sind überzeugt, ich solle nur Kleider tragen. Die Styling-Kolleginnen und ich versuchen, einen guten Mix hinzubekommen.

Es macht natürlich auch einen Unterschied, zu welcher Tageszeit man vor der Kamera steht. Eben wie im echten Leben. Früh würde ich nicht in die Glitzerpumps schlüpfen und das Abendkleid anziehen, wenn uns die Zuschauer noch im Morgenmantel und beim Zähneputzen in ihre Wohnung lassen. Abends würde ich wiederum nicht zu leger gehen.

Vor vielen Jahren, es war die Zeit der Hosenanzüge in den Neunzigern, war ich der ewigen Kritik an meinem Outfit leid und beschloss, einen schwarzen Anzug anzuziehen. Bei schwarzen Hosenanzügen kam nämlich merkwürdigerweise nie Kritik auf, wie ich festgestellt hatte. Und weil es so herrlich unkompliziert war und ich mich aufs Wetter statt auf mein Outfit konzentrieren konnte, machte ich einfach mit einem anderen schwarzen Hosenanzug weiter. Und weiter, und weiter. Ich hatte viele schwarze und dunkelblaue Hosenanzüge! Es fiel wirklich niemandem auf, dass ich anderthalb Jahre lang fast ausnahmslos schwarze Hosenanzüge trug. Dann war ich es selbst leid, die Schwarze Witwe der Tiefdruckgebiete zu sein, und brachte wieder etwas mehr Farbe vor die Wetterkarte – und damit kam auch die Kritik zurück. Wie einfach haben es doch Menschen, die in Uniformen oder Kitteln arbeiten dürfen!

Es gibt auch Meteorologen, die arbeiten in der Armee ihres Landes und treten jeden Tag in ihrer Uniform auf. Manchmal habe ich diese Kollegen wirklich beneidet – da stellte sich die tägliche Frage nämlich erst gar nicht: Was ziehe ich bloß an!? Natürlich sollte jeder Moderator, auch beim Wetter, ein schwarzes Outfit im Schrank parat haben.

Dafür sind wir im Nachrichtengeschäft. Es kann immer und in jedem Moment etwas Tragisches und Unerwartetes passieren. So saß ich etwa am 7. Februar 1996 in der täglichen Morgenkonferenz, bei der die Themen für die Sendung abends besprochen werden. Plötzlich machte es Pling! an allen Computer ringsum. Pling! macht es immer, wenn Eilmeldungen einlaufen.

Dieses Pling! galt dem Absturz der Birgen-Air-Maschine vor der Dominikanischen Republik mit hundertneunundachtzig Menschen an Bord, darunter hundertvierundsechzig Deutsche. Auch am 26. Dezember 2004 habe ich mich für ein schwarzes Outfit entschieden. Es war der Tag des Tsunamis im Indischen Ozean, bei dem am ersten Tag die Zahl der Todesopfer noch mit vierhundert angegeben wurde. Am Ende war es eine Viertelmillion.

Private Sachen ziehe ich nie vor der Kamera an, denn es gibt bei uns seit vielen Jahren die Abteilung Styling, die sich um das Einkleiden der Moderatoren und besonders der Moderatorinnen kümmert. Diese Kolleginnen, ja, es sind alles Frauen, haben oft Modedesign studiert, sind gelernte Schneiderinnen und kommen aus diesem Metier. Sie machen in den allermeisten Fällen einen sehr guten Job und sind zudem zauberhafte Kolleginnen. Leider ging der Niedergang der Bekleidungsindustrie in den vergangenen Jahren auch an unseren Sponsoren nicht spurlos vorüber, und etliche Firmen mussten Insolvenz anmelden. Das macht nicht nur die Arbeit der Styling-Kolleginnen schwieriger, es tut mir auch um jeden einzelnen Arbeitsplatz, der so verloren geht, leid.

Zuweilen erreichen mich Mails, in denen mir freundliche Zuschauer anbieten, bei der Auswahl der Outfits behilflich zu sein. Meine Frau besitzt viel Geschmack und würde Sie gern bei der Auswahl beraten, so oder so ähnlich lauten die Angebote, die ich aber mit Hinweis auf unsere Styling-Abteilung dankend ablehne.

Vor der Kamera gelten zuweilen andere Regeln als im normalen Leben. Die Kamera legt nämlich gern fünf bis zehn Kilo dazu beziehungsweise ein bis zwei Kleidergrößen. Ich kann nicht mehr zählen, wie oft ich mir in den letzten Jahrzehnten irgendwo in Deutschland an einer Kasse, Tankstelle oder einem Flughafenschalter anhören durfte, »Ach, Sie sind ja gar nicht dick« ... »und groß!« ... »Sie sehen ja viel jünger aus als im Fernsehen.« Natürlich ist das jeweils als freundliches Kompliment gedacht – zum Teil auch ein Ausruf ehrlicher und echter Überraschung!

Ja, die Kamera, das Licht und mitunter das Make-up legen gern noch ein paar Jährchen und Kilo drauf. Wenn also jemand im Fernsehen schlank aussieht, dann hat sie bestimmt Kleidergröße vierunddreißig und tanzt den ganzen Tag um eine Rosine oder hat sehr schlankmachende Gene. Ich hingegen esse normal, trinke auch gern mal ein Bier oder einen Wein und habe Größe achtunddreißig bis vierzig (je nach Firma). Im Fernsehen sehe ich aber wesentlich dicker aus, eher wie fünfundsiebzig Kilo verteilt auf einen Meter sechzig. Ich habe einen grauen Hosenanzug aus meiner Anfangszeit beim Wetter, den ich im Winter noch immer gern anziehe. Sehr verändert kann ich mich demnach nicht haben.

Wer mich allerdings aus dem normalen Leben kennt, sieht mich vor der Kamera ganz anders. Warum das so ist, habe ich in all den Jahren noch nicht herausbekommen. Wer dann auch noch in einer Greenbox stehen muss, hat das Problem, dass blonde Haare zuweilen eine leichte Kontur mit Grünschimmer bekommen, wenn man zu nah an der grünen Wand steht, da diese gern reflektiert. Auch Beine können mitunter in der Kontur die Farbe von Wasserfröschen annehmen, was aber nicht nur Wetterfröschen, sondern auch anderen Moderatorinnen passieren kann. War es bis zum Ende der neunziger Jahre noch die Bluebox, wechselte man später in der Studiotechnik zur grünen Farbe.

Die Kamera hat ihre eigenen Gesetze. Mitunter sind Kleider, die ohne Kamera gut aussehen, plötzlich schief genäht, komisch geschnitten, Nähte sind, wo sie besser nicht sein sollten, oder das Muster wirkt zu wild. Daher wird alles, in der Regel bevor es auf Sendung geht, anprobiert und besprochen.

Bei den Schuhen kommen ab und an doch die eigenen zum Einsatz. Ich liebe, wie viele Frauen, Schuhe und habe zu Hause eine hübsche Sammlung. Um den Überblick zu behalten, habe ich sie jedoch nicht in einen Schrank verbannt, sondern, inspirierend, immer vor Augen, in einem eigenen Ankleidezimmer. Ja, das ist Luxus, ich weiß es!

Aber auch neben meinem Schreibtisch im Büro habe ich eine kleine Sammlung meiner Lieblingsschuhe – und die Kollegen in anderen Stockwerken und Büros, die meine Schuhparade am Fenster sehen, haben den Eindruck, es befände sich dort ein Schuhgeschäft.

Ein Lieblingsoutfit von mir sind Landhauskleider oder Dirndl. Leider ergeben sich vor der Kamera selten Gelegenheiten, diese zu tragen. Beim Dreh zum Almabtrieb in der Wildschönau war es immer ein langes Dirndl, da ich wegen der Temperaturen am Morgen und in der Höhe bei etwa null Grad gut die warme Thermo-Unterwäsche verstecken konnte. Auch beim Treffen der Wetterfrösche und -feen in Tirol gibt es die Möglichkeit, vor der Kamera zu »dirndln«, wie ich das nenne. Den Zuschauerinnen und Zuschauern gefällt es immer, wenn es mal eine Abwechslung gibt.

Maxi mit Tiroler
Grauvieh

Privat trage ich eine breite Palette – je nach Gelegenheit und Laune von praktischen Jeans zur Arbeit bis zu Outdoor-Klamotten und etwas eleganteren Outfits.

Eines meiner Lieblingskleider ist ein Sommerkleid aus den dreißiger Jahren. Es ist aus leichtem, schwarzen Chiffon, schwingt wadenlang um die Trägerin, und die Knöpfe zieren kleine Strasssteinchen. Ich habe es im Internet ersteigert, wie viele andere Kostüme aus den Fünfzigern und Sechzigern auch. Das ist mein Beitrag zum Umweltschutz – mit Stil!

Was mich an diesen Kleidern und Kostümen begeistert, ist, abgesehen von der Qualität und dem Schnitt, der Gedanke, dass sie Zeitzeugen sind. Sie kamen allesamt aus den USA, zum Teil aus recht abgelegenen Gegenden im Mittleren Westen. Manche Kleider waren noch nagelneu und mit Lochkarten und Preisschildchen versehen. Die Geschichte dahinter könnte sein, dass man von der abgelegenen Farm einmal im Jahr in die große Stadt fuhr, um sich einzukleiden. Leider gab es aber auf der Farm keine Gelegenheit, diese Kleider zu tragen, und so hingen sie Jahrzehnte im Schrank, bis die Besitzerin verstorben war und die Enkel das Kleid zur Auktion einstellten. Irgendwie hat doch jede von uns solche Sachen im Schrank. Oder gehören Sie, liebe Leserin, zur Kategorie der radikalen Aussortiererin?

Ich liebe Vintage, aber es darf auch »selbst gemacht« sein. Wir waren 1998 in unser neu gebautes Haus in Montreal gezogen, richteten ein, wählten dies und das aus, und nun ging es ans Dekorieren. Die fertig genähten Vorhänge und Gardinen waren nicht unbedingt das, was mir vorschwebte. So kaufte ich eine ganz einfache Singer-Nähmaschine für Anfänger. Ich war ja Anfänger. Selten haben hundertfünfzig kanadische Dollar so viel Freude bereitet und sich so schnell amortisiert. Ich benähte das ganze Haus mit Vorhängen, Scheibengardinen, Weihnachtstischläufern und allem, was man sonst noch braucht und nicht braucht. Natürlich kam das kleine Maschinchen beim Umzug meines Mannes mit nach Europa. Mit einem Spannungswandler leistete die Kleine auch in Deutschland noch lange gute Dienste, bis ich sie in Hennef auf ihre alten Tage noch an ein Projekt für junge Menschen weitergeben konnte. Es gab nämlich eine neue Nähmaschine. Die allerdings ist mit vielen Programmen ausgestattet, mit *bells and whistles*, wie mein Mann sagen würde, der nun der Nähmaschinen-Obermaschinist ist.

Viele Männer sind glücklich, wenn sie ein technisches Gerät haben, das im Idealfall auch noch Krach macht.

122

Eine Nähmaschine erfüllt diese Kriterien und ist zumindest nicht so laut wie ein Laubbläser. Männer können meist auch besser in räumlichen Dimensionen denken und daher zweidimensionale Schnittmusterbögen in ein dreidimensional genähtes Stück Stoff umsetzen. Mein Mann ist der Meinung, wer mit Holz arbeiten kann, kann auch mit Stoff arbeiten, und so bin ich in der glücklichen Lage, auf die Frage, Woher hast du denn das schöne Kleid oder Kostüm?, mit: Das hat mein Mann gemacht!, antworten zu können. Denn seit einigen Jahren schneidert er nach Schnittmustern aus den Fünfzigern und Sechzigern die Outfits für mich. Aber ein Schneider ist natürlich auch ein Künstler, und Künstler arbeiten meist nur nach Laune und Eingabe. Nicht nach Eingabe von Wünschen. So gedulde ich mich gern, da ich um die Qualität des Endergebnisses weiß. Habe ich erwähnt, dass ich jetzt nicht mehr an die Nähmaschine darf?

Und wer weiß, vielleicht gebe ich eines Tages meine eigene Vintage-Linie heraus.

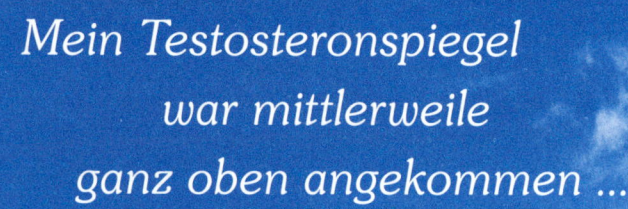

*Mein Testosteronspiegel
war mittlerweile
ganz oben angekommen ...*

Über den Wolken ...

Mein Mann lebte in Kanada, und ich arbeitete in Köln. Keine sehr gelungene Lebenskonstellation, mag man sagen. Eine wirkliche ferne Fernbeziehung. Freunde, Kollegen und beide Familien gaben der Beziehung eine recht geringe Halbwertzeit. Ich hatte bei *RTL* immer Verträge für ein oder auch mal zwei Jahre Laufzeit, und wir dachten, das nehmen wir erst mal so als Zeichen. Wenn der Vertrag nicht verlängert würde, wäre es noch immer Zeit, dass ich umziehen könnte. Mein Mann wollte nicht die Verantwortung auf sich nehmen, mich aus meinem Job, den ich wirklich sehr gern machte, herauszureißen und sich dann womöglich von mir irgendwann Klagen anhören zu müssen.

Allerdings reiste ich immer schon recht gern – und warum dann nicht auch zu meinem Mann?! Ich arbeitete in diesen Jahren nicht in Vollzeit, sondern meist zwei bis drei Wochen am Stück und hatte dann wieder frei. So hatte ich viel Zeit und musste nicht in der Domstadt mit den vier Buchstaben bleiben. Nachdem ich nämlich vom Luftkurort Berlin nach Köln ziehen musste, hatte ich größte Schwierigkeiten, mich zu akklimatisieren: Vom schönen und meist trockenen Kontinentalklima Berlins ging es in die Kölner Bucht, geprägt von feuchter Atlantikluft mit vielen Tiefdruckgebieten, die sich gern abregnen. Von einem »klimatischen Gunstraum der Mittleren Breiten Europas« zu sprechen, wie es auf der Webseite der Stadt Köln zu lesen ist, finde ich etwas übertrieben, aber es zeugt zumindest von großer Heimatliebe. Oder wie der Kölner sagt: »Et is wie et is« und »et kütt wie et kütt«. Ich kenne da schönere »Gunsträume«. Das erste Jahr war ich eigentlich dauerkrank – nur, wenn ich nicht in der Stadt war, ging es mir besser.

Hier ein paar Zahlen, die meinen persönlichen Eindruck etwas untermauern mögen. Die durchschnittliche Regenmenge eines Jahres beträgt in Berlin 570 Millimeter, in Hamburg schon 738 und in Köln 774. Das sind 774 Liter pro Quadratmeter. Im angeblich so verregneten London sind es übrigens nur 621 Millimeter pro Jahr und auch das oft nur als feiner Sprühregen oder *drizzle*.

Meine vielen Reisen kannten jetzt meist nur eine Richtung: nach Kanada. Ostküste, daher nur sechs Stunden Zeitunterschied, es hätte schlimmer kommen können!

Ich war egoistisch genug, wenn ich in Montreal war, Französisch zu lernen. Für einen Sprachkurs in einer Sprachschule hatte ich jedoch einen zu unsteten Lebenswandel. War der doch hauptsächlich durch meinen *RTL*-Wetterdienstplan geprägt. Den organisierte ich selbst. Dabei galt es darauf zu achten, dass der Urlaub meiner Kollegen immer Priorität hatte und planbar war. Meine eigenen Flüge legte ich immer auf einen Mittwoch, Donnerstag oder einen Freitag, der auf einen dreizehnten fiel und daher günstig war.

Um Französisch zu lernen gab es Kassetten mit Sprachkursen und das Fernsehen. Und so parkte ich mich in Montreal tagsüber, mein Mann ging seiner Arbeit nach, vor den Fernseher und schaute mir die Tele-Universität an. Von den Blaufußtölpeln der Galapagosinseln bis zur Trauerarbeit in Quebec war nichts vor mir sicher. Stunde um Stunde, tage-, wochen- und monatelang saß ich vor dem Fernseher, Montag bis Freitag, denn am Wochenende unternahmen wir zusammen viele Ausflüge in die Umgebung. Plötzlich, nach all den Monaten werktags vor dem Fernseher, machte irgendetwas klick in meinem Hirn wie der wundersame Sesam, der sich plötzlich öffnete, und von einem Moment zum anderen verstand ich alles, ohne es übersetzen zu müssen. Da soll noch jemand sagen, Fernsehen mache dumm!

Ein Jahr später machte ich mit meiner Mutter eine Rundreise durch Marokko. Ich lud sie fast jedes Jahr zu einer Reise ein: Hong Kong, Israel, London, New York, Mallorca, Istanbul, um nur einige Ziele zu nennen. Das war mein Dankeschön an sie, und wir hatten auch immer viel Spaß zusammen.

In Marrakesch kaufte ich in einem kleinen Laden ein paar Postkarten für die Lieben in Deutschland und auch gleich Briefmarken dazu. Der freundliche Händler packte alles ein, und ich bezahlte. Natürlich sprach ich Französisch

Ich liebe Fensterplätze ...

und war stolz, mich so gut verständigen zu können, fast akzentfrei, wie ich fand. Dann sprach ich zu meiner Mutter – auf Deutsch. Plötzlich sagte der Händler, dass er mir die falschen Briefmarken verkauft hätte. Es waren die für Kanada gewesen. Offensichtlich war mein Französisch doch nicht ganz so akzentfrei, wie ich dachte.

Mittlerweile war ich Meilensammler sämtlicher Airlines, die Montreal anflogen. Und bevor die Sicherheitsgebühren immer teurer wurden und das Fliegen jetzt wirklich nur noch wenig Spaß macht, gab es eine Zeit, da wurden alleinreisende Frauen auch schon mal ins Cockpit eines Air-France-Fluges gebeten, um den Piloten mit einer kleinen Konversation die Zeit zu verkürzen und dafür dann die Landung auf dem Flughafen Charles de Gaulle aus der Cockpitperspektive einer kleinen Dash 8 erleben zu dürfen.

Gewitter sind Wettererscheinungen, die ein Pilot, wenn es nur irgendwie geht, um- oder überfliegt. Eines der spektakulärsten Gewitter habe ich aus dieser luftigen Perspektive im Januar 1995 erlebt, beim Landeanflug auf Port Elizabeth in Südafrika. Dort herrscht zu dieser Zeit Sommer, und die Gewitter können es in sich haben! Es ging schon genüsslich los beim Start von den Victoriafällen in Simbabwe. Um keine blinden Passagiere, wie zum Beispiel malariaübertragende Mücken, mitzubringen, wurde jeder Passagier intensiv und energisch mit einen Spray benieselt. Es war schon mehr als nur ein feines Bestäuben. South African Airways wollen die Kontrolle behalten, wer oder besser, was ins Land kommt. Nach etwa zweieinhalb Stunden sahen wir die gewaltigen Gewittertürme, die sich beim Zusammentreffen der Luft über dem Indischen Ozean mit der Luft des afrikanischen Kontinents aufgebaut hatten. Noch nie hatte ich so gewaltige Gewitterwolken, Cb sagt der Fachmann für Cumulonimbus, gesehen, und so viele davon zur selben Zeit. Es war faszinierend und beängstigend zugleich. Ein bisschen glich der Himmel einem gigantischen Schachbrett, auf dem jedoch nur Könige und Königinnen standen, die sich ganz langsam bewegten. Diesen gewaltigen Wolkenformationen wohnte eine Schönheit inne, die von den Blitzen, die sich in diesen Türmen immer und immer wieder zeigten, nur noch unterstrichen wurde. Ich konnte mich nicht sattsehen. Die Blitze zuckten in den zahlreichen Wolkengebilden, und der Pilot flog in größtmöglichem Abstand zu diesen Naturereignissen. Da wir aber landen wollten, konnte er die Gewitter nicht in größerer Höhe überfliegen, sondern wählte einen Kurs in einer eleganten Schlängellinie um die einzelnen Gewittertürme herum.

Was er indes nicht umfliegen konnte, waren die zahlreichen Luftlöcher, die sich nicht so klar zeigten wie die Wolken. Aber das war nur das kleinere Übel. Es fühlte sich an wie auf einer DDR-Straße nach einem sehr langen und frostreichen Winter: Loch folgte auf Loch. Die Stimmung an Bord war angespannt, und nicht jeder Magen verkraftete die ständigen und abrupten Höhenwechsel, vielleicht war es aber auch nur die Angst. Am Ende landeten wir wohlbehalten, wenn auch reichlich durchgeschüttelt, und die Autofahrt auf der Garden Route konnte beginnen.

Auf einem der zahlreichen Flüge von und nach Kanada, diesmal ging es mit British Airways von Montreal nach London-Heathrow, saß ich neben einem älteren Gentleman aus England. Wir kamen ins Gespräch, denn ich nutze jede Möglichkeit, meine Sprachkenntnisse zu erweitern und zu trainieren. Nachdem er erfahren hatte, dass ich aus Deutschland sei, sagte er sehr freundlich, er sei früher oft nach Deutschland geflogen. Ich fragte ihn interessiert, wo er denn überall gewesen sei. Er antwortete, gelandet sei er nie. Er sei derjenige an Bord gewesen, der die Bomben ausklinkte. Das nenne ich englischen Humor! So schnell kann einen die Geschichte einholen.

Ein anderes Mal, ich befand mich wieder einmal auf dem Rückflug nach Europa, war gerade hinter Nova Scotia das Essen serviert worden. Ich beobachtete das stets sehr gut harmonierende Kabinenpersonal der KLM immer mit Freude bei seiner Arbeit. Das sind wahre Teamplayer, wunderbar!

Plötzlich knackste es ungewöhnlich und anhaltend in der Lautsprecheranlage. Es folgte eine kräftig-bestimmte männliche Stimme auf Arabisch, die eine laute und ziemlich lange Durchsage machte. Oh, nein, schoss es mir durch den Kopf. Bei so vielen Flügen musste es ja irgendwann mal passieren! Nun ist der Tag eben heute. Das kann lange dauern, und weiß der Henker, ob ich überhaupt hier wieder lebend rauskomme! Zwischenlandung in Grönland? Entebbe und andere Entführungen schossen mir durch den Kopf, und eigenartigerweise wurde ich innerlich auf einmal ganz ruhig. Ändern konnte ich ja nun eh nichts mehr an der Situation, also ergab ich mich einfach dem, was nun kommen würde. Das Essen bekam ich nicht mehr runter, mein Blick ging aus dem Fenster hinaus in die Nacht. Eine gefühlte Ewigkeit später kam wieder eine Durchsage. Diesmal auf Englisch von einer Frauenstimme. Man entschuldigte sich für die Ansage auf Arabisch. Der Leiter einer Reisegruppe aus dem arabischen Raum hatte seinen Mitreisenden nur einen guten Appetit wünschen wollen. Es gibt nichts, was es nicht gibt!

Und natürlich habe ich auch einen Mitreisenden mit Herzinfarkt erlebt. Die Landung in Frankfurt stand aber kurz bevor, und ich hoffe, dass alles für ihn gut ausging.

Ein besonders langer Flug, auf den ich mich sehr gefreut hatte, war der zum Wandern nach Hawaii am 15. September 2001. Leider wurden meine Pläne kurzfristig, aber nachhaltig durch ein paar Männer durchkreuzt, die zum Teil unweit von Köln, am Flughafen Hangelar, das Fliegen gelernt hatten.

Fliegen war danach nie wieder dasselbe. Die Preise, dank der Sicherheitsgebühren, auch nicht. Wie auch die Behandlung beim Check-In, die einem Besuch in einem Hochsicherheitsgefängnis gleicht. Ich fürchte, dass sich dieser Zustand so bald nicht mehr ändern wird, und wünsche mir eine angemessene Bezahlung für das Sicherheitspersonal, denn diese Arbeit ist leider unerlässlich geworden. Bei guter Bezahlung wären die teils recht schlecht gelaunten Menschen auch etwas freundlicher. Mit mir haben sie nämlich immer etwas mehr Arbeit, denn, natürlich rein zufällig, sucht mich das System immer für eine Sprengstoffprüfung aus – egal auf welchem Flughafen im In- oder Ausland. Vielleicht sehe ich einfach so explosiv aus?

Es war ein Flug mit der Air France, der mir noch lange und lebhaft in Erinnerung bleiben wird. Diese Airline ist immer für eine Überraschung gut! Mal streiken die Piloten, nebenbei gesagt die bestbezahlten Europas, dann wieder das Kabinenpersonal, das zum Beispiel kein Essen von den Passagieren mehr zurückräumt, oder die Putzkolonnen am Flughafen mit deutlichen Zeichen in den Toiletten, die Caterer, Gepäckarbeiter oder Busfahrer. Ich darf bestätigen, einen vollbesetzten Jumbo mittels eines einzigen Busses zu räumen, dauert zwei Stunden, und der Anschlussflug wartet natürlich nicht.

Diesmal streikte niemand. Jedoch zwei Tage vor dem Weihnachtsfest 2001 zündelte ein Passagier und britischer Islamkonvertit während eines Fluges von Paris nach Miami an seinem Schuh. Diese heiße Socke konnte jedoch von Passagieren und Kabinenpersonal überwältigt werden, und alle landeten glücklich auf der anderen Seite des großen Teiches. Daher war die Sicherheitslage bei der Abfertigung in Paris aber noch ein kleines bisschen mehr angespannt, als ich mich nach meinem traditionellen Wetter-Weihnachtsdienst aufmachte.

»Chicken or Pasta« war gerade serviert worden und alle Passagiere hatten die Tabletts mit Essen und Getränken vor sich, als aus der sich unweit von meinem Sitz befindenden Toilette plötzlich laute und ungute Geräusche drangen. Ein Wummern gegen die Wände des kleinen Etablissements, immer und immer wieder. Als würde dort jemand randalieren. Schließlich hörte der Lärm auf, und ein Passagier, dessen Heimat vermutlich im Nahen Osten lag, kam breit grinsend heraus. Den in meiner näheren Umgebung Sitzenden war der Appetit sichtlich vergangen. Ängstliche und fragende Blicke wurden ausgetauscht, und Menschen, die sich nicht kannten, rückten plötzlich in ihrer Angst zusammen. Es stand aber niemand auf, um nachzusehen, was in der Toilette womöglich passiert war oder platziert wurde.

Wenn ich eines von meinem Mann gelernt habe, ist es, Probleme anzupacken, wenn es Zeit ist. Die meisten Dinge regeln sich von selbst, ist mein Leitspruch –, aber eben nicht alle, und das zu sortieren, ist eine Lebensaufgabe. Zumindest sind Probleme, die ich selbst gelöst habe, dann meine eigene Erfolgsgeschichte.

Natürlich saß ich am Fenster, meinem Lieblingsplatz, weil man dort etwas besser, gegen eine Wand gelehnt, schlafen kann, und den Blick aus dem Fenster gibt es dazu, heutzutage aber meist nicht mehr gratis. Mein Sitznachbar ließ mich sehr gerne durch, denn ich musste nachsehen, was dort, in der Toilette, womöglich platziert war. Mein Leben war es mir wert, ich war es mir wert. Mein Testosteronspiegel war mittlerweile ganz oben angekommen, meine Wut auch. Ich war bereit, mit meinen eigenen Händen, falls nötig, zum Mörder zu werden. Ich guckte also in den Abfallbehälter und alle anderen vermeintlichen Verstecke – fand aber nichts. Dieser Passagier hatte offenkundig nur Unruhe und Angst stiften wollen, denn auch wenn die Räumlichkeiten nicht immens sind, um seinen Hosenstall zu schließen, braucht niemand so gegen die Wände zu hämmern.

Als ich wieder herauskam, guckten alle Passagiere – niemand aß mehr einen Bissen – mit einer Mischung aus Angst, Anspannung und einem kleinen bisschen Hoffnung auf mich, darunter auch große, kräftige Männer. Für die Winzigkeit einer Sekunde war ich versucht, nichts zu sagen und mich einfach hinzusetzen. Da ich aber ein guter Mensch bin, gab ich in allen mir zur Verfügung stehenden Sprachen Entwarnung.

Ein Flug hat mich dann doch sehr geschockt. Es war der Swissair Flug 111. Er sollte von New York nach Genf gehen, stürzte aber vor der Küste Nova Scotias bei Peggys Cove mit 229 Menschen an Bord in den Atlantik. Der Flugzeugtyp war eine MD-11, ein eigentlich sehr sicherer Typ und eines meiner Lieblingsflugzeuge. Mein Flug von Montreal nach Amsterdam ging am nächsten Tag. Allerdings hatte KLM diesmal nicht die sonst übliche MD-11, sondern einen anderen Typ geschickt, ob aus Pietät oder als Vorsichtsmaßnahme, mag ich nicht beurteilen.

Die Veränderungen im Leben kommen meist über Nacht und sehr unerwartet, wie solch ein Absturz. Im Juli

1997 hatte ich in Montreals Justizpalast geheiratet, und die in Quebec ausgestellte Urkunde darüber lag schon mehr als ein Jahr in einer Schublade in Köln. Daher beschloss ich, wieder in Köln angekommen, gleich am nächsten Tag meine Heiratsurkunde zu einem beglaubigten Übersetzer zu geben und mich auch in Deutschland als legal verheiratet zu melden. Solange so eine Urkunde nicht beglaubigt übersetzt und angemeldet ist, gilt man nämlich noch als ledig.

Ein besonderer Flug war der Flug der Biewer im Beaver. Einer der robustesten und zuverlässigsten Buschflieger, in meinem Fall war es die Variante als Wasserflugzeug, der in Kanada und dem Rest der Welt oft in der Wildnis genutzt wird. Der Flug allerdings war nicht allzu wild und mit kaum dreißig Minuten auch nicht sehr lang. Er ging von Vancouver im kanadischen Westen nach Victoria, der

Biewer am Beaver in British Columbia

Provinzhauptstadt von British Columbia auf der Vancouver vorgelagerten Insel Vancouver Island. Der Flughafen für Wasserflugzeuge liegt praktischerweise direkt an der Altstadt.

Dieses Kleinod einer Kleinstadt wird durch die Beschaulichkeit und das milde Klima besonders bei älteren Menschen sehr geschätzt. Man sagt der Stadt nach, besonders »newly wed and nearly dead« anzuziehen, also Frischvermählte und fast Tote, aber das stimmt natürlich nicht. Es sind auch fast vier Millionen Touristen jedes Jahr dabei.

Natürlich habe ich bei den zahlreichen Flügen, besonders über den Atlantik, auch diverse Luftlöcher erlebt. Daher bleibe ich immer brav angeschnallt. Nur was nützt es, wenn der Sitznachbar es nicht tut und vielleicht mit hundertzwanzig Kilogramm auf einen selbst gewirbelt wird? Kennen Sie Murphy's Law? Edward Aloysius Murphy jr. war ein amerikanischer Luftfahrtingenieur, der sagte, alles, was schiefgehen kann, geht auch schief. Übertragen auf die Turbulenzen würde Murphy's Law lauten, sie kommen meist dann, wenn gerade das Essen oder Getränke ausgegeben werden. Daher beeile ich mich immer, in den Kaffee wenigstens schon die Milch beziehungsweise das Milchpulver zu geben, denn diese Flecken sind schneller wieder zu beseitigen als schwarzer Kaffee. Auch Rotwein muss es während eines Fluges für mich nicht unbedingt sein.

Ein Erlebnis der besonderen Art bescherte mir wieder mal mein Job. Ich sollte eine Wettervorhersage aus einem Zeppelin machen. Das erste Bild, das mir in den Sinn kam, waren natürlich die Bilder von der brennenden »Hindenburg« beim Landeanflug auf New York 1937. Aber seitdem war viel Zeit vergangen, und nun hatte ich die Möglichkeit, selbst in solch einem Flugschiff zu fahren. Wir stiegen auf, und ich machte einen »Wetteraufsager« an Bord. Dann kam der Teil des Ausflugs, der mir feuchte Hände verursachte: die Landung. Die ging nämlich ziemlich steil nach unten, und die »Hindenburg« spukte wieder durch meinen Sinn, aber der australische Pilot schien alles im Griff zu haben. Die Landung gehörte jedenfalls nicht zu den Dingen, die ich unbedingt wiederholen muss. Das gilt übrigens auch für die Segelfliegerei.

Auch hier bekam die Wetterredaktion die Möglichkeit, mitzufliegen. Wir fuhren mit dem Kamerateam ins Sauerland. Die technischen Umstände erlaubten nur, dass ich das »Wetter« zunächst komplett vor dem Flieger machte, um dann einzusteigen und von einem Motorflieger hochgeschleppt zu werden. Das Einsteigen und Schleppen und schließlich auch das Segelfliegen sollten vom Kameramann aus einer kleinen Begleitmaschine mit Motor gedreht werden.

Wir wurden von der Motormaschine hochgezogen. Ich saß hinten in der kleinen Zweierkabine. Der Pilot klinkte sich aus, und wir flogen oder besser segelten durch die Luft. Es war allerdings alles andere als ruhig. Das Piep-piep, welches die Thermik anzeigte, war laut, vermittelte andererseits aber durchaus etwas Sicherheit. Es schüttelte und rüttelte, und wir kreisten immer wieder über einer Stelle mit thermischem Auftrieb, um etwas an Höhe zu gewinnen. Mit uns kreiselten auch andere Segelflieger an derselben Stelle. Ich fragte, was denn passieren würde, wenn man sich zu nahekäme? Die Antwort war: Wenn alle schön aus dem Fenster gucken, passiert auch nichts. So richtig beruhigend fand ich das nicht.

Endlich waren wir nach einer langen Stunde wieder am Boden – und ich war gottfroh, mein »Wetter« bereits im

Kasten zu haben. Ich war grün im Gesicht, hatte butter-weiche Knie und war nicht mehr fähig zu denken. Während der Autofahrt zurück nach Köln mit dem Kamerateam kam ich langsam wieder zu mir und zu Kräften. Wir hatten das Autoradio an. In den Nachrichten kam eine Meldung, dass bei Hannover zwei Segelflugzeuge zusammengestoßen seien, mit leider tödlichem Ausgang für alle Beteiligten. Sie hatten wahrscheinlich nicht aus dem Fenster gesehen, schoss es mir durch den Kopf. Segelfliegen mag schön sein, mir persönlich reicht segeln – ohne fliegen. Oder Fliegen, aber dann lieber mit Motor.

Trotz der nicht mehr allzu angenehmen Begleitum-stände rund ums Fliegen bin ich bis auf den heutigen Tag noch immer begeistert, wenn ich über Gebirge fliegen darf, sich das Mondlicht im Atlantik spiegelt oder das Flugzeug die Wolkendecke durchbricht, unter der sich der Rest des Landes befindet.

Die energievollsten Momente erlebe ich immer, wenn der Flieger am Beginn der Rollbahn steht und die Maschine langsam anrollt. Diese Kraft, die dahintersteckt, überträgt sich auch auf mich. Es ist wie ein kleiner Neuanfang, ein Start in etwas Neues – und wenn es auch nur der Rest des Tages ist. Eine kleine Anschubhilfe für das eigene Leben, wenn man so will, die ich mit Freude annehme. Ich lasse die Energie durch mich fließen, und wer mich genau beob-achtet, sieht ein seliges Lächeln.

Und dann gibt es auch immer noch den Hauch der Frei-heit über den Wolken. Möge sich daran bitte nichts ändern!

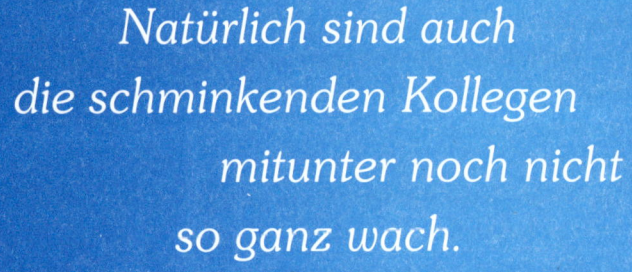

*Natürlich sind auch
die schminkenden Kollegen
mitunter noch nicht
so ganz wach.*

Wer schön sein will, muss (manchmal) leiden

»Sie sehen immer so schön aus!«

»Danke, das gebe ich gern an die Kollegen der Maske weiter!«

»Ist das nicht wunderbar, immer so schön geschminkt zu werden?«

»Nun, wir können gern mal tauschen um vier Uhr früh.«

Wo viel Sonne ist, da ist auch mitunter Kernschatten, jener besonders dunkle und kalte Schatten. Natürlich ist es schön, schön auszusehen. Das Gefühl kennt jede Frau und das, solange es die Menschheit gibt.

Sich in seinem beruflichen Umfeld mit Schönheit zu umgeben – egal, ob es Fotos der Familie, schöne Landschaften oder inspirierende Blattpflanzen sind –, ist zuweilen ein rettender Anker in Momenten, wo man sich eigentlich wünscht, ganz woanders, meist aber besonders weit weg zu sein.

Nun haben es sich einige Menschen zum Beruf erkoren, andere schön zu machen. Maskenbildner verhelfen Menschen, die am Theater, beim Film und Fernsehen arbeiten zu Schönheit. Sie durchlaufen nach einer Friseurlehre noch Jahre der Ausbildung am Theater, um die Menschen nicht nur schön zu machen, sondern manchmal eben auch hässlich. Perücken knüpfen gehört ebenso zum Berufsbild wie auch Masken formen oder Bärte und Warzen ankleben. Letzteres wird im Fernsehen aber nur höchst selten verlangt. Hier wird meist nur »schön« geschminkt.

Es gibt aber auch Stylisten. Diese durchlaufen einen anderen Ausbildungsweg, meist verkürzt, ohne Friseurlehre, direkt mit der Marschrichtungszahl: Schönschminken.

Jeder Leser wird mir bedenkenlos zustimmen, wenn ich sage: Kunstmaler ist ein künstlerischer Beruf, der neben handwerklichen Fähigkeiten durchaus auch künstlerische Inspiration verlangt. Man muss nicht nur wissen, wie man welchen Pinsel führt, sondern auch, was am Ende dabei herauskommen soll.

So verhält es sich auch mit Maskenbildnern/Stylisten.

Da gibt es handwerklich solide Kunstmaler, und es gibt auch solche, die das gewisse Extra haben, das den Künstler ausmacht. Und es gibt noch die extrovertierten Zeitgenossen, bei denen sich trefflich streiten lässt, ob sie Künstler sind oder auch nur die Grundregeln des Handwerks beherrschen.

Manche Kollegen, natürlich hauptsächlich jene, die eine Friseurausbildung durchlaufen haben, können gut mit Haaren umgehen, andere wiederum sehr gut schminken. Im Idealfall kommt beides zusammen.

Frauen sitzen länger in der Maske als die männlichen Kollegen. Männer brauchen einfach nicht so viel Zeit für das Eindrehen oder Glätten der Haare, und Lidschatten gibt es auch nur höchst selten.

Wenn man als Frau das erste Mal eine Maskenbildnerin sieht, kann man erahnen, wie man selbst hinterher aussehen wird. Hat die Kollegin einen Lidstrich, findet man jenen anschließend auch bei sich selbst, gibt's Kajal unter dem Auge, so wird das auch anschließend bei mir zu sehen sein. Natürlich schminkt sich jede Kollegin nach ihren Schönheitsidealen und gibt diese auch gern so weiter.

Ich finde es abwechslungsreich und lasse alle gewähren.

Bei den wenigen männlichen Maskenbildnern und oft auch Theatermaskenbildnerinnen sieht die Sache anders aus: Sie tragen ihre »Visitenkarte« nicht im Gesicht, sondern sind ungeschminkt. Aber meist kann man sich unbesorgt niedersetzen und in ihre Hände begeben. Wenn man dann die Augen wieder aufmacht, freut man sich über die wundersame Verwandlung der Larve in den Schmetterling.

Nun hockt man für dreißig bis neunzig Minuten – je nach Schnelligkeit der schminkenden Kollegen und dem zu betreibenden Aufwand sowie Schwierigkeiten des zu schminkenden Gesichtes – ziemlich eng aufeinander. Das ist eine Herausforderung für jeden Rücken des pinselschwingenden Kollegen oder der Kollegin und mitunter auch eine für den, der auf dem Stuhl sitzt und geschminkt wird.

Um vier Uhr früh, zum Beispiel, möchte man eigentlich doch lieber noch im Bett liegen, statt mit einem feuchtkalten Schwamm oder Pinsel wie eine Leinwand bemalt zu werden. Natürlich sind auch die schminkenden Kollegen mitunter noch nicht so ganz wach.

Wenn dann so ein Ohr beim Lockendrehen im Wege ist, vertreibt eine Brandblase ganz schnell die Müdigkeit – mit anhaltender Wirkung auch für den Schlaf zu Hause. Vorausgesetzt man ist Seitenschläfer, wie ich.

Nun könnte man meinen, dann lasst es doch mit den Locken! Aber auch Glätteisen sind nicht weniger gefährlich, besonders wenn sie auf wundersame Weise im Gesicht landen. Zumindest gibt es immer eine Brandsalbe in Reichweite.

Besonders lustig wird's, wenn zum Ende der Woche hin die Nerven zusehends dünner werden und manche Maskenbildnerin mit ihrem Gerede den Delinquenten weichkocht. Es gibt vieles im Leben, was ich nicht kenne, weswegen ich gern neue Dinge dazulerne. Eine Kollegin nervte mich mit der immer wiederkehren Aufforderung: »Wir müssen deine Wimpern schneiden! Die sind zu lang und stoßen ans Oberlid.« Eines Freitagmorgens willigte ich, mittlerweile willenlos geworden, ein und ließ es geschehen: meine Wimpern wurden etwas gekürzt.

Meine Wimpernoperation sollte daraufhin für Jahre der Running Gag in Köln werden. Sie sprach sich selbst bis zum WDR herum, denn eigentlich werden Wimpern angeklebt, um sie voller und länger erscheinen zu lassen! Mir aber hatte eine Kollegin meine Wimpern gekürzt, weil sie angeblich zu lang waren ...

Da man täglich eine lange Zeit miteinander verbringt, ist die Maske der Ort für Informationsaustausch. Egal ob am Theater oder beim Fernsehen – hier ist der Marktplatz, wo man alles erfährt, von Kochrezepten bis zu noch ganz geheimen Schwangerschaften, alles, was man nicht wissen sollte oder möchte, Freud und Leid des gesamten Unternehmens und darüber hinaus.

Besondere Spannung kommt in der Karnevalszeit auf: Wer steckt wen zuerst an? Die Moderatorinnen und Moderatoren, die auch mit dem Kopf unterm Arm noch moderieren wollen, oder die freiberuflichen Kolleginnen der Maske, die ihre Arbeit bezahlt bekommen möchten? Ich habe gelernt: Maskenbildner sind eigentlich ein Wunderwerk der Natur und nie erkältet, sie haben immer nur eine Allergie.

Mitunter sieht es ein bisschen wie im OP aus, wenn die Maskenbildnerinnen sich per Mundschutz vor den Viren und Bakterien der zu schminkenden Kolleginnen und Kollegen zu schützen versuchen. Kein einfaches Unterfangen, wenn man etwa eine Stunde so eng übereinanderhängt, dass auch der innere Kreis, den ein jeder besitzt und in den man eigentlich nur Menschen lässt, denen man liebevoll zugetan ist, von der Maskenbildnerin »betreten« wird.

Wenn frühmorgens in der Redaktion viel zu tun ist, weil die Wetterlage ein ständiges Update und Beobachten erfordert, eine Schneefront kommt, ein Orkan aufzieht oder mein Computer oder der Grafikcomputer wieder einmal streikt – dann muss es schnell gehen. Das ist der Moment für den Schnellen Zopf. Die kleinen und zu kurzen Nackenhärchen werden weggesteckt oder mit Haarspray befestigt, und die Frisur sitzt. Die Greenbox, der grüne Fernsehhintergrund, mag klare Konturen und der Bildingenieur auch.

Eines Morgens machten wir also den Schnellen Zopf, aber statt die nach Freiheit strebenden kurzen Härchen weggesteckt zu bekommen, hörte ich ein deutliches Summen im Nacken – aber für eine Hummel war es zu laut. Die Kollegin war mit einem Rasierer zugange! Ich konnte gar nicht so schnell gucken und reagieren, da waren die Haare unterhalb des Zopfgummis auch schon raspelkurz wegrasiert. Zugegeben: Ich war nie sehr reaktionsschnell und bin es noch etwas weniger um fünf Uhr morgens.

Als ich mittags nach Hause kam, war mein Mann schockiert, als er mich mit diesem partiellen Igelschnitt sah, und redete von Körperverletzung. So weit wollte ich dann nicht gehen, aber um besagte Kollegin machte ich fortan einen Bogen, denn eine Entschuldigung gab's auch nicht. Aber kaum ein halbes Jahr später waren die Haare wieder einigermaßen nachgewachsen, um weggesteckt werden zu können.

Diese Geschichten sind natürlich die Ausnahmen. Die allerallermeisten Tage verlaufen harmonisch, und ich bin sehr froh, dass ich um diese Zeit oft noch etwas auf dem Stuhl, mitunter in eine Decke eingekuschelt, dösen kann. Manchmal geht es in der Maske aber auch lustig und laut zu, meist zu Beginn der Woche.

Es gibt viele wirklich großartige Kolleginnen und Kollegen, die in der Maske arbeiten. Aus einigen sind über die Jahre echte Freunde geworden. Sie sind sich nicht zu schade, mir mit dem Papierkorb bis ins Studio hinterherzulaufen, wenn ich die Migränetabletten wieder mal zu spät genommen habe, massieren in genialster Weise die Kopfhaut, bis die Frisur sitzt, kraulen den verspannten Nacken, haben Augentropfen parat, wenn die eigenen Augen nicht mehr von denen eines Albinos zu unterscheiden sind, und betütteln und bekümmern ihre »Kunden« in auch sonst jeder Form.

In meinem »letzten Leben«, in dem ich als Schauspielerin arbeitete, saß ich natürlich auch in der Maske. Die aufwendigste Maske meines Lebens hatte ich für die Drehtage in *Sachsens Glanz und Preußens Gloria*. Ein historisches Fernsehepos, welches zunächst im Rokoko spielte. Weil man mit dem Verkauf dieser hochwertig produzierten Serie für die DDR wertvolle Devisen einspielen konnte, legte man die Barock-Folgen nach, und die prachtvollen Rokokokleider wurden in Barock umgeschneidert.

Ganze zwei Stunden Maske wurden für mich vor jedem Drehtag veranschlagt. Eine Stunde zum Schminken und eine weitere Stunde zum Hochstecken meiner zahlreichen und langen Haare, unter Zuhilfenahme von bis zu hundertfünfzig Haarnadeln. Ich habe sie beim Rausnehmen gezählt. Dann wurde das Perückenband, eine Art Mullbinde, um den Haaransatz gewickelt, an der die helle Rokokoperücke auf das sorgsam weggesteckte Haar befestigt wurde.

Mit Mastix wurden noch einige Ecken angeklebt, und anschließend ging es in das wunderschöne Kostüm.

Die Drehtage oder -nächte waren lang. Insbesondere, da ich mich mit dem Trinken sehr zurückhielt. Am Drehort gab es nämlich keine der im Rokoko üblichen Deckelvasen, und moderne Toiletten waren für die ausladenden Kleider der Gespielinnen von August dem Starken eher nicht konzipiert. Abgesehen davon war die Arbeit ein wahr gewordener Mädchentraum! Zudem durfte ich das gerade auf der Schauspielschule erlernte Wissen zu den Tanzschritten des Menuetts anwenden. Man könnte sagen, dass die Schauspielschule »Ernst Busch« sehr praxisnah ausbildete. Nur die Sarabande und die Gigue kamen nie zum Einsatz und gerieten bei mir in Vergessenheit.

Ein noch immer nachhallendes Maskenerlebnis hatte ich Mitte der Achtziger bei einem Drehtag des DDR-Fernsehens zu der Sendereihe *Der Staatsanwalt hat das Wort*. Dort wurde gelegentlich eine ältere Dame beschäftigt, bei der das Wort Dame mehr als angebracht war. Sie war bereits seit vielen Jahren im verdienten, aber sicher nicht sehr gut bezahlten Ruhestand. Diese Künstlerin hatte ihr Handwerk bereits zu den Anfangszeiten der UFA in Babelsberg gelernt, als dort noch Josef von Sternberg, Fritz Lang und andere Legenden ihre Filme drehten und Marlene Dietrich in der großen Mittelhalle, die 1995 nach ihr benannt wurde, im *Blauen Engel* sang. Es wurde gemunkelt, sie hätte sogar die große Diva geschminkt.

Damals setzte ich mich auf den Stuhl ... und war in einer anderen Zeit und Welt.

Sie behandelte mein Gesicht mit solch einer Ehrfurcht, einem solchen Respekt und zugleich mit solch einer Zartheit, wie ich es danach nie wieder erlebt habe. Und ich habe einige Maskenbildnerinnen und Maskenbildner erlebt! Sie hauchte die Farben auf die Haut, die Pinselführung und die Handhabung der Puderquaste waren von einer Sanftmut, dass ich erahnen konnte, wie sich die alten UFA-Stars gefühlt haben mochten. Diese Dame war wie aus einer anderen Zeit, einer anderen Welt gefallen. Nie wieder danach habe ich mich so als Teil eines Kunstwerkes verstanden und gefühlt. Leider musste ich dieses Werk irgendwann später, beim Abschminken, wieder zerstören.

Wenn ich ein »Wetter« draußen mache, dann schminke ich mich in der Regel selbst. Es wäre zu aufwendig, noch jemanden mitzunehmen. Und da der Wind grundsätzlich immer aus der kameratechnisch ungünstigen Richtung weht, wird es dann meist der Zopf. Warum das so ist, weiß allein Äolos, der Gott des Windes ...

Schminke, Lidschatten, Lippenstifte, Kajal und all die anderen Dinge zum Schönmachen sind auch Arbeitsmaterial. Als Teenager sah ich das noch nicht so, das Finanzamt bis heute übrigens auch nicht, und ging an die Kulturtasche meiner Mutter. Fast alle Mädchen möchten diese Dinge ausprobieren, besonders wenn sie so griffbereit zu Hause liegen wie damals bei uns. Also unternahm ich mit etwa dreizehn Jahren meine ersten Schminkversuche. Das Auftragen des Nagellacks war noch nicht ganz formvollendet und hinterließ sichtbare Spuren im Badezimmer. Mein, wie ich fand, schönes Erscheinungsbild blieb meiner Mutter jedenfalls nicht verborgen. An dieser Stelle sei erwähnt, dass sie neben wenigen DDR-Kosmetikprodukten hauptsächlich Kosmetik aus dem Westen nutzte. Und ich hatte mich an Margaret Astor vergangen! Für teure DM aus dem Westen! Meine Mutter zeigte prompt, wie temperamentvoll und stimmgewaltig sie werden konnte.

An ihrem »Handwerkszeug« habe ich mich danach nie wieder vergangen. So wurde wenig später Action Kosmetik von Florena meine Marke, sehr viel mehr Alternativen gab es auch nicht.

Die Maske für *Guten Morgen Deutschland* in Berlin Anfang der neunziger Jahre war ein wahrer Taubenschlag. Gerade mal zwei Kolleginnen schminkten dort fünf Moderatoren und Moderatorinnen sowie unendlich viele Gäste. Eine Familie mit sechzehn Kindern war da nur eines der Highlights. Daher trug man dort beim moderierenden Personal hauptsächlich das Make-up auf und machte die Haare. Der Rest war größtenteils Eigenleistung.

Eine der beiden Kolleginnen hatte sich in ihrer DDR-Vergangenheit mehr administrativen Aufgaben gewidmet. Wie viele Maskenbildner braucht das DDR-Fernsehen im Jahre 2000?

Apropos Planung, die gibt es selbstverständlich auch in der Maske. Und an den Zeitplan sollte sich nach Möglichkeit jede Seite halten. Sonst kommt das große Gefüge schnell durcheinander. Oder es gibt den Schnellen Zopf.

*Ich hatte aber
schon vorher gewusst,
dass Tiere
auch Geräusche machen.*

Gibt's doch gar nicht!
Oder doch?

Ich wohnte im sechzehnten Stock eines Hochhauses am Kölner Zoo. Die Aussicht war grandios und reichte bei gutem Wetter bis in die Voreifel, bei weniger gutem Wetter war zumindest immer der Rhein, diese meistbefahrene Wasserstraße der Welt, zu sehen und natürlich der Zoo gegenüber. An Tagen mit viel Nebel war man mitunter auch ganz eingehüllt, sah nichts und wähnte sich bereits im Himmel.

Die Sicht war aber nichts gegen die Geräusche! Die kamen, abgesehen von der Straßenbahn und dem Autoverkehr, vom Zoogelände. Das Ohk, Ohk der Seelöwen schallte gut hörbar herauf, auch das Heulen der Wölfe in der Dämmerung war wunderbar, insbesondere wenn man wohlbehütet im sechzehnten Stock wohnte, oder das Tröten der Elefanten. Auf meiner Seite des Zoos hatte ich nur die Geräusche. Die Menschen, die auf der anderen Seite des Zoos wohnen, am Gehege der Giraffen und Moschusochsen, haben auch noch das Geruchserlebnis, zumindest, wenn ein Tiefdruckgebiet heranzieht. Und das passiert in der Kölner Bucht ziemlich regelmäßig.

Ein Geräusch, das aber geradezu Angst einflößen konnte, war das Gebrüll der Löwen. Wer den Löwen brüllen hört, weiß, warum er der König der Tiere genannt wird.

Der Blick von meiner Wohnung zum Rhein ...

... und zum Kölner Zoo

Das Geräusch geht durch Mark und Bein. Zu jener Zeit gab es einen asiatischen Löwen und drei Weibchen. Was ich hingegen nicht wusste und »geräuschvoll« gelernt habe: Diese Großkatzen paaren sich alle fünfzehn Minuten zirka vierzigmal am Tag und vor allem auch in der Nacht. Nun sind Löwen als Großkatzen ähnlich aktiv wie die kleineren Katzen und so könnte man das Gebrüll nach zweiundzwanzig Uhr auch durchaus als nächtliche Ruhestörung auffassen. Ich hatte aber schon vorher gewusst, dass Tiere auch Geräusche machen, und nahm es gelassen hin, meistens jedenfalls. Nun gibt es nur noch zweihundert freilebende Löwen in Indien, daher freut sich nicht nur der Zoodirektor über jeden Nachwuchs bei diesen Tieren, und auch ich will da kein Spielverderber sein.

Mitunter hatte man das Gefühl, auf einer verrückten Safari zu sein. Das Gehege der Zebras, auf das ich direkt blickte, war ein entscheidender Faktor, diese Wohnung zu nehmen, das Löwengebrüll dazu und das Ohk, Ohk der Seelöwen ... Besonders im Frühjahr war die Junggesellengruppe der Zebras sehr aktiv – es ist eben der Zoo in Köln.

Ich saß oft, wenn es nicht wieder mal regnete, auf dem Balkon. So auch eines schönen Nachmittags, es muss 2006 gewesen sein. Deutschland war im Fußballfieber, und ich hatte Frühdienst. Nach meinem Mittagsschlaf war ich wieder unter den Lebenden und trank mit meinem Mann einen gemütlichen Nachmittagskaffee. Wir beobachteten die Tiere im Zoo gegenüber, die Paviane und Zebras ... Der Himmel war blau, es lag etwas Schwüles in der Luft, aber von Gewitter keine Spur.

Plötzlich sahen wir einen weißlich-hellen Ball mit grünlich-phosphoreszierenden Streifen und einem Durchmesser von etwas weniger als einem Meter in der Luft wirbeln. Dieser runde Blitzball befand sich in etwa der Höhe unseres Balkons, aber in fünfzehn bis zwanzig Metern Abstand zwischen Zoo und Balkon. Wir guckten wie hypnotisiert auf diesen Ball, der sich jedoch nur zwei bis drei Sekunden drehte, und bevor wir uns austauschen konnten, was das denn bitte sei, was wir da gerade sahen, löste sich der Ball auf und es gab einen ohrenbetäubenden Knall, bei dem alle Fensterscheiben im Nachhall dieses gewaltigen Energie- ereignisses vibrierten.

Das war offenbar ein Kugelblitz. Ein WM-Fußball war es jedenfalls nicht.

Nun waren sich die Forscher bis vor kurzem nicht einig, ob es überhaupt Kugelblitze gibt oder ob sie nicht vielmehr Hirngespinste phantasiebegabter Menschen seien. Es gibt Menschen, die Kugelblitze gesehen haben wollen, die über den Boden rollen, gar durch Wände und Fenster gehen. Ein Freund meiner Mutter, Pilot bei der Tschechoslowakischen Luftlinie ČSA, erzählte ihr von einem Kugelblitz, der den Gang entlang durch das Flugzeug rollte und wieder nach draußen verschwand. Als ich in der Nacht, noch immer völlig aufgewühlt, unserer Meteorologin von meiner un- heimlichen Begegnung der dritten Art erzählte, wollte sie es mir nicht so recht glauben.

2014 gelang es Wissenschaftlern der Universität Lanz- hou in China durch Zufall, einen dieser Kugelblitz-Burschen in freier Wildbahn zu erwischen. Sie wollten Blitze auf der Qinghai-Hochebene im Nordwesten des Landes filmen, und da ging ihnen dieser »Fisch« ins Netz. Mit fünf Metern Durchmesser dazu ein sehr großes Exemplar. Mit Hilfe ei- nes Spektrometers konnten sie sogar das Innenleben analy- sieren. Die dreitausend Bilder pro Sekunde gaben reichlich Material zur Analyse.

Mit acht Metern pro Sekunden war er flott unterwegs. Am hellsten leuchtete er zu Beginn, dann nahm das Licht ab und erlosch schlagartig. Auch die Farbe änderte sich von anfangs Lila über Orange hin zu Weiß und Rot. Jedes Element sendet Licht mit seiner bestimmten Wellenlänge, vorausgesetzt, es ist heiß genug. So konnten die Forscher anhand der Farben auf die beteiligten Elemente schließen:

Siliziumionen waren mit von der Partie, sie werden als Haupttäter vermutet, aber auch Eisen- und Kalziumionen.

Die Versuche, im Labor Kugelblitze künstlich zu erzeugen, resultierten meist nur in Kugelblitzchen von wenigen Zentimetern, aber auch sie rollten über den Laborboden oder teilten sich und lösten sich nach längstens acht Sekunden wieder auf.

Ein möglicher Aspekt der Entstehung von Kugelblitzen sind Hochspannungsleitungen. Diese gab es bei uns nicht, dafür aber elektrische Leitungen der Straßenbahn.

Auch wenn die Forschung auf dem Gebiet der Kugelblitze noch ganz am Anfang steht, bin ich zumindest froh, nun nicht mehr zu den »Geschichtenerzählern« zu gehören. Mein Dank gilt den chinesischen Kolumbussen, die Blitze filmen wollten und einen großen Kugelblitz entdeckten ... Der Entdecker Kolumbus wusste zwar, dass es irgendwo hinter dem Horizont des Atlantiks Land gab, aber er meinte, es sei eben Indien.

Es lebe die Wissenschaft!

Abendstimmung

Sehr viel Verkehr auf der Social-Media-Seite ...

Überall Verschwörung!

In offensichtlicher Unkenntnis all der Verschwörungen um mich herum ist mir vor einigen Jahren eine Bemerkung unterlaufen, an die ich noch lange denken werde!

Wir haben oft kurze Filmsequenzen vom Wetter des sich langsam zum Ende neigenden Tages in unser Abendwetter eingebaut. Das können schöne Bilder aus der Natur sein, von Menschen draußen im »Wetter des Tages«, oder Phänomene, die selten vom Schreibtisch aus zu bestellen oder zu planen sind, die aber unsere mit einem »Wetterblick« geschulten Kameramänner und –frau (zumindest eine ist dabei) oft entdecken. Unsere Kameracrew besteht aus ehemaligen Wetterbeobachtern, Meteorologie-Studenten und Menschen, die einen Blick für die Schönheit der Natur haben und sich für das Wetter interessieren.

So schickte ein Kameramann eines verhängnisvollen Tages einen Schwenk vom Himmel. So weit noch unverdächtig. Es zeichneten sich aber dort unübersehbar breite Kondensstreifen in einer Art Karomuster ab, längs und quer gestreift. Ich textete daraufhin, dass sich durch die erhöhte Luftfeuchtigkeit am Himmel »diese schönen Muster bildeten«.

Das hätte ich besser nicht tun sollen. Denn nun braute sich auf meiner Facebook-Seite ein Hurrikan der Kategorie

Schöne Muster am Himmel und auch in kitschigen Farben!

fünf über mir zusammen! Innerhalb von nur zwei Tagen hatte ich über 20 000 (in Worten: zwanzigtausend) Kommentare zu dem Thema Kondensstreifen! Wie ich bei dieser Gelegenheit lernen durfte, nennen Menschen, die einer anderen These anhängen, nämlich der der Verschwörung, diese Kondensstreifen »Contrails«, und sie leben offenbar auf einem anderen Planeten als ich.

Es gab zudem in Berlin an ebenjenem Wochenende, an dem ich die »Contrails« sendete, eine Demo, bei der die sich auf meiner Facebook-Seite nun gegenseitig beschimpfenden Lager aufeinandergetroffen waren. Viele kannten sich offenbar auch persönlich! Die so ausgetauschten Ansichten waren nicht immer salonfähig, und ich musste einige Facebooker von meiner Seite verweisen. Schließlich war ich kein Forum zum Austausch von Beleidigungen und wüsten Theorien.

Mit einer so heftigen Reaktion hatte ich nicht gerechnet. Und das will schon etwas heißen!

Um ehrlich zu sein: ich wusste gar nicht, auf welch gefährliches Terrain ich mich begeben hatte, oder sollte ich besser von einem Minenfeld sprechen? Von all den Theorien, nach denen wir alle seit langem vom Himmel aus besprüht werden, hatte ich nichts gewusst. Von wem und womit wir besprüht werden, mit welchen Chemicals, also welchen Chemikalien? Ich habe bis heute keine Ahnung.

Auch die Beschimpfungen gegen die Medien im Allgemeinen und meine Person im Besonderen möchte ich an dieser Stelle besser nicht wiederholen.

Sollte nicht ein einziger Techniker eines Wartungsteams all der Airlines dieser Welt wenigstens einmal geplaudert haben, wann, wie und womit die Flugzeuge befüllt werden, um uns zu besprühen? Heutzutage, wo man mit Hilfe einer App jedes Flugzeug am Himmel mit all den Daten der Airline, des Woher und Wohin und selbst den Flugzeugtyp genau begutachten kann, sollte es doch kein Problem sein, solche Untersuchungen anzustellen ...

Man mag mich als naiv bezeichnen, aber ich bin nach wie vor fest davon überzeugt, dass es ausschließlich Kondensstreifen aus Wasserdampf sind, die am Himmel erscheinen. Sie entstehen bei einer höheren Luftfeuchtigkeit, da die bereits gesättigte Luft nicht noch mehr Wasser aufnehmen kann, wohingegen bei einer sehr trockenen Luft in der Atmosphäre diese feuchtere Luft schnell absorbiert wird ... oder wird nur bei einer sehr hohen Luftfeuchtigkeit gesprüht und bei knochentrockener Luftmasse nie? Aber auf diese Frage habe ich bislang keine Antwort erhalten.

Was ich aber daraus gelernt habe: Wer sehr viel Verkehr auf seiner Social-Media-Seite statt am Himmel generieren möchte, muss nur kurz das Thema Kondensstreifen – oder noch besser Contrails – aufgreifen, dann ist der Rest ein Selbstläufer ...

Achtzehn Grad, aber ach,
machen wir eine zwanzig
für Berlin morgen!

Warum der Wetterbericht immer falsch ist

Eine der landläufigsten Meinungen, mit der Wettermenschen, egal ob vom öffentlich-rechtlichen oder privaten Fernsehen (zumindest das eint uns wieder im Geiste) jahraus, jahrein auseinandersetzen müssen, ist: Der Wetterbericht stimmt ja nie!

Nun, zu unserer Ehrenrettung muss ich sagen: Es hat sich viel verbessert in den letzten fünfundzwanzig Jahren, aber schleichende Prozesse nimmt der Menschen selten wahr.

Die präzisere Vorhersage liegt zum größten Teil an den immer besser werdenden Computermodellen und dem engeren Messnetz. Aber natürlich sind die Computer nur so gut wie die Daten, mit denen sie gefüttert werden, und das Füttern übernimmt immer noch der Mensch.

Dazu kommt es auch auf die Persönlichkeit des Menschen an, der diese Daten auswertet. Es mag banal klingen, aber für manche Menschen, und zu denen zählen auch Meteorologen, ist das berühmte Glas halbvoll, während es für andere halbleer ist.

Ist auf dem einen Modell für den nächsten Tag zwanzig Grad Celsius zu sehen, so sagt der »Glas halbleer«-Meteorologe: Na, so warm wird es doch bestimmt nicht! Und setzt das Ganze mal flott auf siebzehn Grad runter.

Vor vielen Jahren bekam ich mein Briefing von einem Kollegen, der immer leicht mürrisch war. Meist machte er es verregneter und kälter, als es dann tatsächlich wurde, und legte die Betonung immer auf den Regen, der in seinen Augen wohl unvermeidlich war.

Nun ist es recht leicht zu kontrollieren, ob wir mit der Vorhersage Recht haben – oder eben nicht.

Meist war es dann schöner, längst nicht so verregnet und meist auch wärmer, als der Kollege es geplant hatte. Und ich als Moderateuse fühlte mich wie ein Schwindler. Ein Wetter-Schwindler.

Eines schönen Tages begann eine seltsame Wandlung. Der Kollege N. wurde großzügiger mit der Temperaturvergabe. »Achtzehn Grad, aber ach, machen wir eine zwanzig für Berlin morgen! Und es gibt, wenn überhaupt, höchstens einen schlappen Schauer.«

Nach einiger Zeit überkam mich doch die Neugier ob der geänderten Vorhersagestimmung, zumal auch das Mürrische an ihm verflogen war.

Die Antwort seiner Kollegen auf meine Frage, was denn mit N. los sei, überraschte mich sehr, belehrte mich aber auch, wie subjektiv unser Job sein kann.

»N. lebt jetzt in Scheidung und hat eine Freundin.«

Aha, so einfach kann das Leben sein – und die hohe Kunst der Wettervorhersage.

Zu einer guten Moderatorin gehört also auch etwas Menschenkenntnis und ein gutes Verhältnis zu den Kollegen, mit deren Hilfe man einiges korrigieren kann. Man kennt dann den Charakter und die Zögerlichkeiten seiner Kollegen, manchmal berechtigt, manchmal aber auch nicht.

Zudem erscheint Deutschland auf dem Bildschirm verschiedener Vorhersagemodelle gerade einmal in der Größe von etwa fünf mal fünf Zentimetern. Da muss man schon genau hinsehen, seine Erfahrung und Phantasie spielen lassen und anschließend seine Rückschlüsse für das Geschehen der nächsten Tage ziehen.

Auch die Sehnsucht spielt eine Rolle.

Wer zum Beispiel in Köln arbeiten muss, statt bei seiner Familie ein paar hundert Kilometer weiter südlich in den Alpen zu sein, der sieht schon mal wenn nicht schwarz, so doch wenigstens dunkelgrau, obwohl dann am nächsten Tage ganz eindeutig und unwiderlegbar die Sonne scheint – und das direkt ins Bürofenster. Für die gedruckten oder im Radio und Fernsehen verlesenen Vorhersagen endet hier die Geschichte.

Bei Vorhersagen mit Moderator oder Moderatorin nicht.

Hier kommt der nächste Faktor hinzu: der Mensch, der die Vorhersage »verkauft«. Natürlich gibt's auch hier die schon oben erwähnten Glas-halbleer- oder Glas-halbvoll-Mitmenschen.

Auch hier wird der Schwerpunkt je nachdem auf Regen oder Sonne gelegt, an den Höchstwerten für den nächsten und kommende Tage herumgefeilt und diskutiert ...

Der Mensch vor der Kamera verkauft neben der Information auch ein Lebensgefühl: Wie wird sich der Tag anfühlen? Windig, schwül-heiß oder einfach nur wieder deprimierend grau?

Natürlich muss man auch vorsichtig mit Vorhersagen sein. Viele Menschen und Jobs hängen unmittelbar an einer richtigen oder falschen Vorhersage. Erklären wir zum Beispiel die Ostseeküste am Wochenende zum Dauerregengebiet, bleiben viele Ausflügler lieber zu Hause, statt sich ein schönes Wochenende an der See zu machen. Wenn dann die Vorhersage nicht zutrifft, ist es nicht nur ärgerlich für die Daheimgebliebenen, sondern hat auch finanzielle Konsequenzen für Restaurants, Pensionen und Strandkorbbetreiber.

Das Problem, das uns, die Wetterfrösche, weltweit eint: Wir bekommen zu wenig Zeit! Das ist eine himmelschreiende Ungerechtigkeit!

Denn warum kommt das Wetter fast immer am Ende der Nachrichten und dann auch noch nach dem Sport? Genau! Weil es das ist, was die Menschen am meisten interessiert. Da lässt man Politik und Wirtschaft mit mehr oder weniger großem Interesse an sich vorüberrauschen, auch Sport, Frauen ertragen sogar den Fußball, nur weil gleich danach das Wetter kommt: etwas, das uns wirklich bewegt. Jeden Tag. Und ganz besonders natürlich in den Ferien, im Urlaub oder am Wochenende, wenn man Dinge plant, für die es einfach schöner ist, wenn sie bei Sonnenschein oder zumindest bei trockenem Wetter stattfinden.

Wer grillt schon gerne, wenn es von oben nicht nur Bier auf die Bratwurst gibt, sondern auch noch zehn Liter Regen?

Oft sind sich die Modelle nicht einig: Lassen die Amerikaner es kälter und regenreicher werden, sieht der Deutsche Wetterdienst die Sache genau andersrum, das britische Modell dagegen beschreitet den goldenen Mittelweg, die Schweizer bringen noch mehr Farbe und Möglichkeiten ins Spiel, und der Meteorologe muss sich entscheiden. Diese Entscheidung wird meist im Team getroffen, mit zum Teil stürmischen Diskussionen, obwohl es draußen noch ganz windstill ist.

Besonders vor hohen christlichen Feiertagen, vielleicht auch vor jüdischen, moslemischen und hinduistischen, gehen die Modelle mit Vorliebe ganz weit auseinander. Als wäre es eine geheime Verabredung all jener Computermodelle, gerade dann die Meteorologen vor die Herausforderung zu stellen: Entscheide dich! Die Verantwortung liegt ganz allein bei dir.

Das ist dann die philosophische Aufforderung zur Selbstanalyse, die schon über dem Tempel des Orakels von Delphi stand: Erkenne dich selbst!

Wer bist du? Ein Glas-halbleer-Meteorologe oder ein Glas-halbvoller?

Manchmal sind sich die Modelle einig. Dann ist es einfach, übersichtlich und man fühlt sich wie der Busfahrer, der auf seiner Busspur locker an allen anderen Kriechspuren vorbeifahren kann. Auch solche Tage gibt es.

Aber genau vor den Feiertagen will natürlich jeder wissen, ob er die Eier im Freien verstecken kann, den Pfingstausflug planen oder ob es endlich mal weiße Weihnachten gibt.

Vor solchen Festen steht das Wetter ganz hoch im Kurs.

Mehr Zeit für die Vorhersage gibt es in aller Regel aber trotzdem nicht. Je nach Sender und Sendezeit sind das zwischen dreißig Sekunden und fünf Minuten.

Auch bei drohenden Unwettern, Hitzewellen, Schneestürmen muss jeder Moderator um Sendezeit kämpfen. Das vereint übrigens die Kollegen weltweit – von Japan über Europa bis in die USA. Habe ich eine Zeitvorgabe von zum Beispiel anderthalb Minuten, dann sollte ich auch nicht fünf Sekunden überziehen.

Selbst das Argument, wir, die Wettermenschen, müssen heute informieren und warnen, denn ihr, die News-Menschen, habt das Ergebnis und die Bilder morgen in den Nachrichten, hilft meist nicht.

Wenn die Moderatoren nur einen von Meteorologen geschriebenen Text ablesen, auch das gibt es in einigen Sendern, ist dieser Faktor gebannt, wenn aber selbst Hand angelegt wird, dann kommt auch noch der Glas-halbleer- oder Glas-halbvoll-Interpret vor der Kamera dazu. Denn natürlich können die Moderatoren vor der Kamera das Wetter nicht ändern, wohl aber es etwas freundlicher verkaufen oder zumindest Anregungen geben, was man vielleicht trotz Dauerregens, der das ganze Wochenende, vielleicht gar ein langes Wochenende über anhält, noch Schönes anstellen kann.

Wir sind, wenn man so will, der kleine Lichtblick in mitunter regengrauer Wetterlage.

Und wie gut, dass in der heutigen Zeit, dem Verkünder schlechter Botschaften nicht mehr nach dem Leben getrachtet wird!

Und dann gibt es etwas, worum wohl niemand, der lange in seinem Fachgebiet tätig ist, herumkommt: Erfahrung. Beispielsweise über regionale Besonderheiten wie sogenannte Nebellöcher, Kältelöcher, Hitzeflächen, Überflutungsgebiete, die Liste ließe sich endlos verlängern ...

Der letzte und wichtigste Faktor in dieser langen Kette aber sind Sie, lieber Leser! Wer nach unendlichen und kalten Wintermonaten endlich auf den Frühling hofft und hört: zwanzig Grad! Der denkt natürlich sofort: Endlich wird's warm!

Die kleine Ergänzung, die nun kommt, erreicht schon nicht mehr das Innenohr, weil dort bereits die Jetzt-wird-es-endlich-Frühling-Party in vollstem Gange ist, Frauen im Geiste schon ihre luftigen Kleider oder zumindest T-Shirts rausholen, Männer sich auf das freuen, was morgen endlich wieder zu sehen ist – vielleicht aber auch nur, dass man am Wochenende die Kettensäge anwerfen kann, um mal wieder richtig Krach zu machen und gewissermaßen als Nebeneffekt und Alibi dabei das Wintergestrüpp zu stutzen.

Inmitten dieses inneren Taumels und all der Filme, die im Kopf ablaufen, was man morgen alles machen, anziehen oder besser noch weglassen könnte, hört der geneigte Zuschauer nicht weiter zu. Denn was jetzt folgt, ist die kleine, aber bedeutsame Einschränkung: am Oberrhein. Diese letzte, aber entscheidende Information erreicht einen großen Teil der Zuschauer schon nicht mehr. Und natürlich gibt es die zwanzig Grad nicht in der Lüneburger Heide oder der Lausitz am nächsten Tage – dafür die Schelte: Warum ist der Wetterbericht immer so falsch?!

Anmerkung der Verfasserin: Alle Angaben sind nicht fiktiv und spiegeln die Ansicht der Verfasserin wider.

*... tun Sie ein gutes Werk
für die Wissenschaft!*

Wie die Hochs und Tiefs zu ihren Namen kamen

Es hat sich mittlerweile eingebürgert, dass die Hochdruck- und Tiefdruckgebiete benannt werden, mal mit weiblichen, mal mit männlichen Vornamen.

Das war nicht immer so. Den Ursprung hat das Ganze, wie so vieles, in den USA.

Dort benannten nämlich die Militärmeteorologen der US Navy und Army während des Zweiten Weltkrieges heranziehende Stürme im Pazifik und Atlantik nach ihren Ehefrauen. Ob diese darüber informiert oder gar erfreut waren, ist nicht überliefert.

Das aber machte die Bestimmung wesentlich einfacher. Bis dahin hatte man Stürme mit den Längen- und Breitengraden beschrieben, in denen sie ihren Ursprung hatten. Das war nicht nur umständlich, sondern ließ auch Raum für Missverständnisse.

1953 entschloss sich dann das *United States Weather Bureau,* die Bezeichnung der Stürme im Atlantik durch Frauennamen offiziell zu machen.

Das Wort Hurrikan selbst kommt wohl von den Ureinwohnern der Großen Antillen, den Taino, und bezeichnet deren Gott des Bösen: Hurrican.

Es dauerte bis 1978, ehe man auch die Hurrikane im Nordostpazifik benannte – dann aber bereits zur Hälfte mit Männernamen. Die Frauenbewegung war auf dem Vormarsch, und so wurden ab 1979 auch die Stürme im Atlantik gendergerecht benannt: auf einen weiblichen Namen folgte ein männlicher, in alphabetischer Reihenfolge der Anfangsbuchstaben. Schließlich sollten nicht nur die »weiblichen« Stürme Tod und Verwüstung bringen. Um der Diversifizierung weiter gerecht zu werden, denn in der Zugbahn der Hurrikane über der Karibik wird ja nicht nur Englisch gesprochen, sondern auch Französisch, Spanisch, Kreolisch und anderes, geht es nun auch sprachlich munter durcheinander. Auf einen französischen Frauennamen wie Gabrielle folgt zum Beispiel ein spanischer Männername wie Humberto.

Wenn ein Sturm außerordentlich heftig war, viele Opfer hinterließ und Zerstörung brachte, dann wird er aus der Namensliste aussortiert. Er bleibt ab sofort für immer in der Geschichte der Meteorologie und besonders in der Erinnerung der Menschen, die ihn durch- und überlebt haben, mit diesem Namen verbunden. Es wird also keinen zweiten Sturm mit den Namen Katrina, Irma oder Harvey geben.

Die WMO, die *World Meteorological Organization*, mit Sitz in Genf, ergänzt diese Namenliste um die aufgrund ihrer Stärke ausgeschiedenen Hurrikannamen, und alle sechs Jahre wiederholt sich der Namensreigen wieder.

Wie gewaltig die Kraft eines Hurrikans sein kann, erlebte ich im April 1996 – wenn auch nur in seinen Nachwirkungen. Ich war in Mexikos Urlaubsparadies Cancún gelandet. Bevor die große Mexiko-Rundreise beginnen sollte, wollte ich mir zwei Tage Strand gönnen – eigentlich. Das Hotel in Cancún war sehr schön und großzügig gestaltet. Da ich aber kein Zimmer mit Meerblick hatte (Einzelreisende haben mitunter das Nachsehen, wenn es um die Verteilung der Zimmer geht), wollte ich mich, gleich nachdem alle Formalitäten erledigt waren, an den Strand legen und mir nach Wochen mit viel Arbeit das sprichwörtliche Urlaubsgefühl gönnen. So weit der Plan. Wie dumm muss ich geguckt haben, als ich aus dem Hotel in Richtung Strand hinaustrat – und das Meer nur drei bis vier Meter gleich hinter dem Hotel begann.

Nur wenige Monate zuvor, im Oktober 1995, hatte Hurrikan Roxanne einige Tage fast nur stationär vor der Halbinsel Yucatán gewirbelt und den gesamten Strand abgetragen. Wohin? Keine Ahnung. Als Kategorie drei (von fünf möglichen) landete Roxanne an der Halbinsel und hinterließ fast dreihundertfünfzig Todesopfer. Auch Roxanne ist nun aus der Namensliste gestrichen.

Die gefährlichsten Hurrikane sind die nur sehr langsam ziehenden, mit weniger als zehn Kilometern pro Stunde. Sie bringen fast stationär nicht nur den Sturm, sondern auch gewaltige Regenmengen und Flutwellen. Über dem warmen Wasser gewinnen sie immer mehr an Kraft, während sie sich über Land sehr schnell abschwächen, da ihnen der »Treibstoff«, das warme Wasser, fehlt.

Der Wind ist aber nur eine Seite dieses unheiligen Dreigestirns aus Wind, Flutwellen und Regen. Gerade auf Inseln mit etwas höheren Bergen, wie es sie oft in der Karibik gibt, sind die Erdrutsche durch Dauerregen nicht zu unterschätzen. Der Seegang, der sich durch einen kaum von der Stelle kommenden Sturm entwickeln kann, erreicht die Strände dann mit entsprechend gewaltiger Flut. Rühren Sie mal ein paar Sekunden in Ihrer Kaffeetasse – oder eine Minute lang; der Unterschied zeigt sich hoffentlich nicht gleich auf dem schön gedeckten Frühstückstisch.

Die Hurrikansaison im Atlantik beginnt jedes Jahr offiziell am 1. Juni und endet am 30. November. Dass es ab und an Hurrikane bereits Ende Mai oder noch Anfang Dezember geben kann, mag daran liegen, dass sich die offizielle Saisondefinition unter ihnen noch nicht herumgesprochen oder das Wasser bereits die nötige Betriebstemperatur erreicht hat beziehungsweise noch immer hat, wie zum Beispiel Otto im Dezember 2004. Der Monat mit der größten Hurrikanaktivität ist übrigens der September.

Also wundern Sie sich nicht, wenn Sie im Reisebüro oder Internet ein unschlagbar günstiges Angebot für die Karibik in genau diesem Monat finden – es könnte ein Abenteuerurlaub werden. Da die Karibik aber groß ist, gibt es viele verschiedene Möglichkeiten einer Hurrikan-Zugbahn, aber es ist immer auch eine Art von Glücksspiel bei solch einer Reisebuchung dabei. Die großen Kreuzfahrtschiffe sind aus gutem Grund zu dieser Zeit meist in Europa, Grönland oder Nordamerika unterwegs.

In Australien werden diese Wirbelstürme Willy-Willy genannt. Im nördlichen Teil des Pazifiks und westlich der Datumsgrenze Taifune und im Indischen Ozean sowie dem südlichen Pazifik Zyklone.

Um überhaupt erst mal in Wallung zu kommen, brauchen diese Stürme 26,5 Grad warmes Wasser, und sehr viel davon! Ein weiterer Faktor ist also eine genügend große Menge Wasser, so wie im Pazifik, Atlantik oder dem Indischen Ozean.

Das Mittelmeer ist etwas zu klein, aber auch hier kann es alle paar Jahre mal einen sogenannten Medikan geben, das ist der kleine Bruder des Hurrikans. Gewitter-Cluster formieren sich auch hier zu einem Sturmwirbel mit wolkenlosem Auge in der Mitte und ziehen langsam Richtung Norden oder Nordosten. Allerdings erreichen sie selten eine längere Lebensdauer als vier Tage. Große Flutwellen können sich nicht aufbauen, aber der Wind erreicht meist eine hohe Geschwindigkeit von um die hundert Kilometer pro Stunde, und der Regen kann Erdrutsche und Überschwemmungen verursachen.

Der nächste entscheidende Faktor bei einem Sturm ist die sogenannte Coriolis-Kraft, benannt nach dem französischen Physiker und Mathematiker Gaspard Gustave de Coriolis. Die verleiht den Stürmen erst den richtigen Dreh. Die Corioliskraft wirkt nicht direkt auf dem Äquator, sondern erst ab fünf Grad nördlich oder südlich davon, so dass die Stürme den Äquator nicht überspringen können, da ihnen die nötige Drehbewegung fehlt. In der nördlichen Hemisphäre ist die Drehrichtung aller Stürme entgegen dem Uhrzeigersinn, in der südlichen Hemisphäre mit dem Uhrzeigersinn.

Die Windscherung ist ebenfalls sehr wichtig. Das bedeutet, dass die Windrichtungen in der Höhe und am Boden beziehungsweise über der Meeresoberfläche sich einig sein und aus der gleichen Richtung mit etwa der gleichen Geschwindigkeit wehen müssen. Zusätzlich muss eine tropische Störung, ein kleines Tief oder ein Gewittertief vorhanden sein.

Und weil die Meteorologen weltweit sehr eng miteinander verbunden und vernetzt sind, schlug 1954 die Meteorologiestudentin Karla Wege von der Technischen Universität in Berlin vor, auch Hochs und Tiefs, die in Mitteleuropa wetterbestimmend sind, in alphabetischer Reihenfolge zu benennen. Tiefdruckgebiete sollten weibliche Vornamen bekommen und Hochdruckgebiete männliche.

Natürlich galt das nur für Westdeutschland. In der DDR gab es das nicht, und so verwandelte sich ein bis dahin benanntes Tief oder Hoch in ein wieder namenloses Gebilde, sobald es die Grenze, Interzonengrenze, den antifaschistischen Schutzwall oder wie auch immer man die Mauer nennen wollte, überquerte. Allerdings war die Namensgebung in jener Zeit mehr ein Insidergag der Meteorologen, da im Fernsehen, Radio oder der Zeitung der Name des Tiefs oder Hochs kaum genannt wurde.

Das änderte sich im Februar 1990 mit ungewöhnlich vielen Stürmen in kurzer Zeit. Damit die Leser, Zuschauer oder Hörer noch den nötigen Überblick behielten, griff man auf die bis dahin eher lokale Namensgebung der Freien Universität Berlin zurück. Orkan »Vivian« und »Wiebke« sind vielleicht noch einigen Lesern in unguter Erinnerung.

Und natürlich wurde die Frauenbewegung, wenn auch mit einigen Jahrzehnten Verspätung, in Deutschland auf den Plan, oder besser, an die Wetterkarte gerufen, die nun Gleichberechtigung bei der Benennung von Hoch- und Tiefdruckgebieten forderte.

Also bekamen ab 1998 Tiefdruckgebiete in geraden Jahren weibliche Vornamen und Hochdruckgebiete männliche, in ungeraden Jahren ist es umgekehrt.

Als emanzipierte Frau finde ich das unnötig. In Diskussionen mit einem bekannten Schweizer Wettermoderator merkte ich an, dass doch die Tiefs letztendlich den Regen bringen und daher lebensnotwendiger sind als die Hochs. Es kommt halt nur auf die Kommunikation und Betrachtungsweise an. Letztlich bringt ein Dauerhoch zwar viel Sonnenschein, aber ohne Regen gibt es auch kein Leben. Das merkt man besonders in einem sehr trockenen Sommer.

Unschön wird es nur, wenn die zuständigen Meteorologen an der Freien Universität Berlin die Namen kurzfristig ändern. Das ist mitunter eine Herausforderung für

Menschen, die vor der Wetterkarte stehen und sich auf die Namen beziehen.

So war ich vor vielen Jahren in Bayern, um ein Wetter draußen am Nachmittag aufzuzeichnen, und nannte den Namen des zuständigen Tiefs. »Nichts ist so alt wie die Nachrichten von gestern«, lautet eine Devise im Nachrichtengeschäft. Übersetzt aufs Wetter: Nichts ist wirklich sicher vor der Namenshoheit der FU-Meteorologen. Denn bevor wir das Wetter abends senden konnten, hatten die zuständigen Menschen dem Tief plötzlich einen anderen Namen gegeben, nämlich den nächsten Namen in der Namensliste.

Seitdem bin ich sehr vorsichtig mit der Nennung des Namens, wenn das Wetter einige Stunden vor der Sendung aufgezeichnet wird, was zum Beispiel der Fall ist, wenn wir wieder einmal draußen drehen.

Seit 2002 kann man unter www.wetterpate.de Hoch- oder Tiefdrucknamen kaufen und damit einen finanziellen Beitrag zur Wissenschaft leisten. Das Geld kommt der Klimabeobachtung und der studentischen Wetterbeobachtung am Meteorologischen Institut der Technischen Universität Berlin zugute. Allerdings kosten die Hochs etwas mehr, da sie meist länger auf der Wetterkarte bleiben. Tiefdruckgebiete können dagegen nicht nur sehr schnelle Durchläufer sein, sondern auch viel Verwüstung anrichten, wie Kyrill im Januar 2007 oder Lothar zu Weihnachten 1999. Also überlegen Sie, ob Sie Ihrem Liebsten oder Ihrer Schwiegermutter ein Hoch oder Tief schenken möchten. In jedem Fall aber tun Sie ein gutes Werk für die Wissenschaft!

... und fünf Mal
    war das Festkomitee
heillos zerstritten.

Karneval – der ultimative Test fürs Immunsystem

Wer im Rheinland lebt, kann sich dem Karneval nicht entziehen.

Das bunte Treiben setzt entweder den Zeitrahmen für die Urlaubsgewohnheiten der Karnevalsflüchter, der mit überfülltem Arbeitspensum Daheimgebliebenen oder eben die wilde Zeit des Feierns und tagelanger Party der Jecken. Manche verbinden auch elegant und gekonnt Urlaub mit Party.

Wer hier geboren ist, dem fehlen über seine gesamte Schulzeit nicht nur drei Monate Unterricht, sondern auch meist das Verständnis dafür, dass nicht allen Menschen der Frohsinn im Blut liegt, dieser spezielle rheinische Frohsinn.

Nachdem bei uns im Büro die Verhältnisse früh geklärt waren, wer zu den Karnevalsflüchtern, Arbeitern und Partymenschen gehörte, stand der Dienstplan so unerschütterlich fest wie der Sonnenaufgang im Osten und der Sonnenuntergang im Westen.

Meine anfänglichen Versuche im Straßenkarneval am Rosenmontag endeten jeweils mit einer blutigen Nase durch die ebenso reichlich wie unübersichtlich durch die Luft fliegenden »Kamelle« (das sind Süßigkeitswurfgeschosse in Form von Bonbons, Kaubonbons oder etwas

Als Wölkchen.
Und meine Mutter
hatte »den Hut auf«

größer auch als Keksriegel oder kleine Schokoladentafeln).
Man muss schon sehr ausgeschlafen und reaktionsschnell
sein, um die Strüßchen (kleine Blumenwurfgeschosse) und
Kamelle zu fangen – oder ihnen wenigstens schnell genug
aus der Schussbahn zu gehen.

Ich war noch nie sehr reaktionsschnell – umso weniger
nach einer Frühschicht.

Die Ursprünge des rheinischen Karnevals, wie wir ihn
heute kennen, gehen auf die Zeit der Besetzung durch den
König von Preußen zurück. Was die bunten Uniformen der

Jede Session steht unter einem Motto. 2013 war es: Fastelovend em Bloot, he un am Zuckerhot. So ganz habe ich den Karneval aber nicht im Blut ...

Roten, Blauen oder sonstwie gekleideten »Funken« und Gardisten erklärt, die Märsche und das zackige Gebaren.

Als Preußin, muss ich gestehen, bekomme ich bei den Märschen so etwas wie Heimatgefühl – nur die Bewegungen der heutigen Gardisten lassen erkennen, dass der preußische Militärdienst schon viele Generationen her ist. Außerordentlich akrobatisch sind dagegen der Tanzoffizier und sein Mariechen. Sie können es mit jedem Zirkus oder jeder Varieté-Nummer aufnehmen.

Ausgefallen ist der Rosenmontagszug in Köln ein paar Mal durch kriegerisches Treiben in echten deutschen Uniformen (und 1991 wegen des Golfkrieges), er wurde 1830 einmal von den Preußen »wegen anormalischer und in polizeilicher Hinsicht nicht unbedenklicher Lustbarkeit« abgesagt, und fünf Mal war das Festkomitee heillos zerstritten.

Wer übrigens die Weltoffenheit der Kölner Köbesse testen möchte, das sind die meist unfreundlichen Herren, die das Kölsch in den Brauhäusern servieren, der bestelle ein Altbier! Da kommt Freude auf!

Nach zwanzig Jahren im Rheinland hatte dann auch mich der Karneval eingeholt: in Gestalt von Kostüm, Party und anschließender Grippe.

Damit tat ich nur der Statistik Genüge. Denn ebenso unabwendbar wie der Karneval ist ein erhöhter Krankenstand nach Beendigung der Festivitäten. Leider fällt diese jecke Zeit bei uns, anders als in der südlichen Hemisphäre wie in Rio, bekanntermaßen in den Winter. Trotzdem sind die Menschen, vornehmlich die des weiblichen Geschlechts, oft leicht gekleidet. Sie wähnen sich wahrscheinlich in Brasilien, sie bützen (küssen), der Schlaf kommt zu kurz, der Alkohol dafür nicht.

Viren und Bakterien haben Hochsaison und freuen sich schon seit dem 11. 11. darauf auszuschwärmen!

Meine Karnevals-Feierwut beschränkte sich in den letzten Jahren ganz sittsam auf eine Sitzung bei den Roten Funken, ein paar Stunden bei uns im Dorf und eine Party bei der großen Zeitung mit den vier Buchstaben.

Die restliche Zeit, wie seit fünfundzwanzig Jahren, arbeite ich – allerdings oft mit Kollegen, die etwas heftiger als ich gefeiert hatten und einen frischen Schwung von Viren mit ins Büro brachten. Diese, froh dem lauten närrischen

Treiben entkommen zu sein, stürzten sich voller Schaffens-
kraft auf die verbliebenen gesunden Menschen.

Zum ersten Mal in all den Arbeitsjahren hatten es die
Viren geschafft, mir so in Lunge und Bronchien zu pupsen,
dass ich zwei Wochen zu Hause bleiben musste.

Vielleicht sollte ich im nächsten Jahr einfach zu den Karnevalsflüchtern wechseln, dann allerdings steigt die Gefahr eines Beinbruchs beim Skifahren. Wie man's auch dreht und
wendet – die Karnevalszeit ist und bleibt eine Nagelprobe
für die Gesundheit!

Gar keine Frage:

natürlich wollte ich!

Café Olé!

Kurz nach der Wende, meine finanzielle Situation glich der fast aller Schauspielerinnen und Schauspieler, die sich von Theater-Engagement zu Theater-Engagement hangeln, war die Arbeit in einem kleinen Restaurant mit Bistro-Charakter in der Berliner Knesebeckstraße die Rettung der Stunde.

Heute ist die Wiedervereinigung zumindest dergestalt geglückt, dass es selbstverständlich ist, dass viele Schauspielerinnen und Schauspieler Artfremdes machen, wenn sie kein Engagement haben. Gleich nach der Wende fanden meine Mutter und einige andere Kollegen aus der DDR es arg befremdlich, sich mit solchen Jobs über Wasser zu halten. Für mich war es dagegen eine sehr schöne Zeit im Leben, die ich nicht missen möchte.

Ein guter Freund, der selbst dort arbeitete, brachte mich in dieses ausgemacht nette Team, für die Besitzer waren wir vielleicht alle miteinander ein bisschen zu sehr befreundet, Küche mit Service und Service mit Küche. Mit einigen Kollegen verband und verbindet mich noch immer ein lockeres, in jedem Fall aber freundschaftliches Band.

Da Kochen nicht unbedingt zu meinen größten Stärken gehört, landete ich am Tresen und manchmal auch im Service, direkt am Gast.

In den ersten Tagen war ich etwas irritiert, wenn man einen Café Olé bei mir bestellte. Na, was es nicht alles gibt,

Vom Tellerwäscher
zur Wetterfee

im Westen! Die Italiener haben ihren Espresso, wir unsere
»Kännchen auf der Terrasse« und die Spanier eben ihren
Kaffee Olé. Zumindest konnte ich ihn nach kurzer Einwei-
sung angemessen zubereiten, denn es kamen keine Klagen.

Ein paar Tage später, ich beherrschte schon die Kaffee-
maschine, die internen Abläufe und hatte ein Ohr für das
PING aus der Küche entwickelt, inspizierte ich die Karte
mal etwas genauer.

Dort stellte sich der Kaffee Olé dann als »café au lait«
heraus, und meine Hochachtung für die Spanier über diese
schöne Kreation, ich trinke ja selbst am liebsten Kaffee mit
Milch, verblasste etwas.

Aber bis zum heutigen Tag ist es mein Lieblingsgetränk.
Und Französisch kann ich jetzt auch sehr viel besser – nach
über zwanzig Jahren Ehe mit einem Franko-Kanadier.

Ich war nie eine Leuchte in Mathematik. Das zeigte sich
besonders beim Abkassieren der Gäste, wobei ich mitunter

aushelfen musste. Nun, meine Freundlichkeit machte offenbar meine mangelhaften Kenntnisse wieder gut. Ich fühlte mich jedes Mal beim Gast wie bei der mündlichen Mathematikprüfung in der Schule. Kurz: Ich verrechnete mich oft, aber in den allermeisten Fällen zu meinen Ungunsten, worauf mich dann die freundlichen Gäste hinwiesen. Und es gibt viele gute Menschen, darf ich versichern!

Nach etwa zwei Jahren habe ich dann mein schönes Arbeitsplätzchen eingetauscht gegen Proben in der Berliner Tribüne zu »Onkel Vanja«, und später kam noch in der Nacht ab zwei Uhr der Job als Wetterfee bei *Guten Morgen Deutschland* hinzu. Mehr arbeiten ging einfach nicht, da sich der kleine Zeiger der Uhr dann schon wieder zweimal im Kreis gedreht hatte.

Noch heute helfe ich gern bei Charity-Veranstaltungen aus, wenn es ums Tellertragen geht, so zum Beispiel bei der Wolkenschieber-Gala in Bremen. Egal welchen Job man im Leben macht – es bleibt immer etwas Gutes und Nützliches hängen. Und wenn es das Tellertragen ist. Und sollte ich je ein Café eröffnen, dann wäre sein Name »Café Olé«.

Meine Leidenschaft für die kleinen Kaffeebohnen muss sich auch an anderer Stelle herumgesprochen haben. Jedenfalls kam der *RTL*-Spendenmarathon 2015 zum zwanzigjährigen Jubiläum auf mich zu, ob ich nicht die Patenschaft für ein Projekt von Tchibo in den Kaffeeanbaugebieten im Hochland von Tansania übernehmen möchte.

Gar keine Frage: natürlich wollte ich!

Und so ging es im August 2015 mit unserem kleinen Team nach Tansania.

Die Kosten, die bei solchen Reisen entstehen, trägt *RTL*. Die von den Zuschauern und Sponsoren gesammelten Gelder gehen zu einhundert Prozent in die Projekte. Das ist ein sehr fairer Deal, wie ich finde.

Nach einem langen Flug, Übernachtung in Daressalam und Weiterflug am nächsten Morgen nach Mbeya in den Südwesten von Tansania, waren wir endlich angekommen.

Nach der Landung ging es sofort weiter zur Vorbesichtigung für unseren Dreh, der für den nächsten Morgen geplant war. Die Menschen empfingen uns mit unglaublicher Freundlichkeit. Die lokalen Helfer der Organisation *Save the Children* hatten zuvor drei Familien um Erlaubnis gebeten, uns ihre Geschichten erzählen zu dürfen. Dabei ist die Armut in diesen Ländern so groß, dass es mir mehr als einmal die Tränen in die Augen trieb.

Am nächsten Tag drehten wir mit unserer Familie. Die Großmutter hatte den Platz der verstorbenen Eltern für die beiden Mädchen eingenommen. Ich durfte einen Tag im Leben der Familie erleben. Das Dorf liegt auf einer Hochebene. Dort, auf etwa eintausendachthundert Metern, ist es kalt, und noch kälter in der Nacht. Knapp über null Grad zeigte das Thermometer im Auto. Selbst bei diesen Temperaturen schliefen die beiden Mädchen und die Großmutter auf Strohmatten auf dem Boden der Hütte. Wir besuchten auch eine Mutter mit drei Kindern, deren Hütte so klein war, dass ein Kind immer abwechselnd davor schlafen musste.

Ich ging mit den Kindern zum Wasserholen am Morgen, wobei der drei Kilometer lange Rückweg mit dem schweren Wasserbehälter auf dem Kopf Schwerstarbeit für mich war – wie erst musste das für einen Teenager sein? Allein das Balancieren, um dabei möglichst wenig zu verschütten, war eine Kunst.

In Tansania, wie in vielen anderen Ländern auch, braucht man eine Schuluniform, um die Schule besuchen zu dürfen. Leider haben nicht alle Familien das Geld dafür. So ist es ein Zeichen von bescheidenem Wohlstand, seine Kinder in die Schule schicken zu können, und viele Kinder sind stolz, zur Schule zu gehen. Die Familien, die dieses Geld nicht haben, müssen ihre Kinder zu Hause lassen. Eine Uniform für den Besuch einer Grundschule kostet etwa sechs bis sieben Euro.

Die lokalen Mitarbeiter der Sozialstationen und Organisationen wie *Save the Children* arbeiten kontinuierlich und erfolgreich vor Ort. Sie geben Hilfe zur Selbsthilfe. Wir besuchten auch eine Schule, die mit dem Geld, das unsere lieben Zuschauer später spendeten, etwas besser ausgestattet werden sollte. Bislang waren dort Trinkwasser und Hygiene ein großes Problem gewesen. Es gab nämlich nur eine Toilette und einen Wasserhahn für eintausend Kinder. Allein eine kleine Plastikflasche zu besitzen, in der man etwas Wasser mit in die Schule nehmen kann, war ein kleiner Luxus.

Seit dieser Reise achte ich noch mehr darauf, welchen Kaffee ich trinke, und hoffe, dass es jeder einzelnen Familie im Kaffeegürtel rund um den Globus mit der Tasse Kaffee, die ich zu mir nehme, ein kleines bisschen besser geht.

*Dinge, die einem
in der Schule nicht gefallen,
lässt das Leben einen
später »nachsitzen«*

Meteorologe, Presenter
und alles dazwischen

Oft werde ich gefragt, ob ich Meteorologin bin. Antwort von Radio Jerewan: im Prinzip ja, aber ... keine Diplom-Meteorologin und auch nicht mit einem Bachelor oder Master behaftet.

Die Berufsbezeichnung Meteorologe ist genauso wenig geschützt wie Journalist und viele andere Berufe auch. Schauspieler hingegen, die, wie ich, zum Beispiel die Schauspielschule »Ernst Busch« in Berlin absolviert haben, dürfen sich Diplom-Schauspieler nennen, tun dies aber in der Regel nicht.

Es ist eine langjährige Diskussion unter den Wettermenschen: Sollen nur studierte Meteorologen das Wetter präsentieren oder auch Amateure? Auf internationaler Ebene wird diese Diskussion seit Jahrzehnten ausgetragen. Einige Länder haben da ganz strikte Regeln, wie in den USA, und lassen nur studiertes Fachpersonal vor die Kamera, andere Länder oder Sender legen den Fokus mehr auf die Optik, wobei die Vorhersage dennoch stimmen sollte.

So hat man sich international auf die Bezeichnung *Presenter* für die Riege der nichtstudierten Meteorologen geeinigt.

Es gibt natürlich auch junge Kolleginnen, die das Wetter als Einstieg in die große TV-Karriere betrachten und sich weniger um die Inhalte kümmern. Im Laufe der Jahre hat diese Tendenz aber deutlich abgenommen, da das Wetter bei vielen Sendern weltweit mehr Gewicht bekommen hat. Hinzu kommt, dass Fernsehen sicherlich nicht mehr das Medium der Zukunft ist, sondern nur noch eines unter vielen. Wer heute seine Karriere starten will, kann dies bei *YouTube* oder *Instagram* in die eigenen Hände nehmen. Ein sehr demokratischer Ansatz, wie ich finde.

Seit Mitte der neunziger Jahre reise ich oft zu den jährlich stattfindenden internationalen Treffen der Wetterbranche, die meist im nahegelegenen Paris stattfinden. Dort kommen um die einhundert Meteorologen und Presenter aus der gesamten Welt zusammen.

Dabei ist so etwas wie eine »Wetterfamilie« entstanden. Es gibt neben Vorträgen über die neuesten Entwicklungen und Erkenntnisse auch immer die Möglichkeit des Austausches mit den Kollegen. Im Lauf der Jahre haben sich zum Teil echte Freundschaften entwickelt. Es geht sehr kollegial zu, denn niemand kann den Job des anderen machen, da die allermeisten an ihre Muttersprachen gebunden sind. Ich könnte nie meine Kollegin aus Island oder Albanien ersetzen und umgekehrt. Nur wenige Sprachen wie Englisch, Französisch oder Spanisch werden länderübergreifend gesprochen, aber dann auch oft mit lokalen Dialekten und etwas Slang.

In den Anfangsjahren der Wettertreffen zeigte jeder Teilnehmer eine seiner Wetterpräsentationen. Das Videospektakel dauerte einen ganzen Tag. Die beste Leistung wurde dann prämiert. Später gab man das Prämieren auf, da die kulturellen Eigenarten und Vorlieben und vor allem auch die technische und finanzielle Ausstattung der Sender und Länder zu unterschiedlich waren. Da gab es die chinesischen Kolleginnen, die mit Zeigestöckchen das Wetter an der Karte erklärten, andere Sender ließen ihre Moderatorinnen im virtuellen Raum über die Länder laufen, während es aus den Wolken vor ihnen regnete, manche brachten schöne oder interessante grafische Elemente ein, während andere auf ganz einfache Karten zurückgreifen mussten. In manchen Ländern liegt die Meteorologie noch in der Hand des Militärs, und die Herren stehen in Uniform vor der Karte, was wiederum die Qual der Wahl bei der Klamottenauswahl wesentlich vereinfacht. Die nächsten bekommen fünf Minuten Sendezeit und tragen jede Stadt mit der Höchsttemperatur vor – auch wenn sämtliche Werte zwischen siebenunddreißig und vierzig Grad liegen. Der Windchill-Faktor, in Nordamerika ganz selbstverständlich, hat es dagegen in Europa schwer. Es gibt bei diesen Treffen aber auch immer Anregungen für das eigene Wetter im Heimatsender.

Manche Länder eignen sich besser für das Wetter im Fernsehen als andere. Das langgestreckte Österreich ist eher ungünstig – da steht man immer irgendwie im Wege. Besser sieht es für Belgien, Réunion oder die Niederlande aus. Auch der dänische Kollege hat es recht gut erwischt.

Seit etwa zehn Jahren trifft sich einmal im Jahr die überwiegend deutschsprachige Wetterfamilie zum Internationalen Wettergipfel in Tirol. Hier liegt der Schwerpunkt mehr auf der Berichterstattung und der Präsentation eines Außenwetters an zum Teil sehr ungewöhnlichen Orten. So war ich einmal auf der nicht ganz ernst gemeinten Suche nach dem Gletscherfloh, dem durch den Klimawandel vom Aussterben bedrohten Lebewesen. In zweitausendachthundert Metern Höhe auf dem Rettenbachferner im Ötztal fand ich ihn. Dieses Wetter war allerdings etwas personalinten-

Auf der Suche nach dem Gletscherfloh

siver. Wir wurden nicht nur mit Pistenbullys zum Drehort gebracht, auch ein Bergführer begleitete uns, denn der Kameramann und ich sollten in eine Gletscherspalte abgeseilt werden, um unsere Arbeit zu machen.

Ein anderes Mal begrüßten der Wilde Kaiser (und ich meine jetzt nicht Franz Beckenbauer, auch wenn er in Kitzbühel wohnt) und ich mit einem Frühstück auf einer Alm bei Kitzbühel nicht nur die Zuschauer, sondern auch den Beginn des Sommers. Bei solchen Locations stellt sich natürlich weniger die Frage des Outfits: entweder sportlich und den Sicherheitsanforderungen entsprechend oder eben auch mal im Dirndl.

Natürlich darf und muss man von einem Presenter erwarten, dass er sich in Geografie ebenso auskennt wie in den verschiedenen Wetterlagen. Mein Lieblingsfach in der Schule war Geografie, neben Russisch und Geschichte. Mit dreizehn Jahren kannte ich sämtliche Länder und Hauptstädte dieser Welt. Nicht nur wenn ich krank im Bett liegen musste, war der Globus mein liebstes Spielzeug. Das hat meinen Wunsch entfacht, diese Länder auch mal selbst zu sehen, und das nicht nur auf dem Globus. Nur ein Teilgebiet mochte ich in Geografie absolut nicht: das Wetter. Solche Dinge, die einem in der Schule nicht gefallen, lässt das Leben einen später »nachsitzen«. Und ich muss gestehen, in meinem Fall auch mit Begeisterung.

Neben der puren Information über das Wetter möchte der Zuschauer auch ein bisschen unterhalten werden, die Fakten eingeordnet oder auch erklärt bekommen und damit einen gewissen Mehrwert gegenüber einer Wetter-App haben. Aber auch die Wetter-App wird mit Daten unterschiedlicher Wetterdienste gefüttert. Wenn man aber den User fragt, welches Wettermodell der App zugrunde liegt, erntet man meist nur fragende Blicke.

In der Meteorologie studieren zu neunzig Prozent männliche Wetterbegeisterte. Da mag man nun nach Gleichstellung schreien, wie man möchte – es gibt Bereiche, da sind Frauen einfach noch immer, und wie ich annehme auch noch jahrzehntelang, drastisch unterrepräsentiert. Die Meteorologie gehört zweifelsfrei dazu.

Die allerwenigsten Meteorologen, die ich kenne, möchten vor die Kamera. Sie fühlen sich meist wesentlich mehr in ihrem Element, wenn sie über den Prognosen sitzen und diskutieren können. Ein kurzes Statement vor der Kamera ist noch okay, aber vor einer Wetterkarte im virtuellen Raum? Das mögen die wenigsten.

Ich habe mich 1994, als ich von Berlin nach Köln ins »Mutterhaus« von *RTL* zog, gefragt: soll ich an der Universität Köln mit dem Studium der Meteorologie beginnen? Ich habe mich dagegen entschieden.

Denn erstens hatte ich immer nur Verträge, die auf ein oder maximal zwei Jahre befristet waren, zweitens hatte ich eine Halbtagsstelle, und für den verbliebenen Rest des Monats reiste ich sehr gern. Ab 1996 flog ich dann zu meinem Mann nach Kanada und war daher jeden Monat in Montreal. Ein weiteres Argument war: Wenn ich die Physik der Atmosphäre verstehe, ist das zwar hilfreich für wissenschaftliche Arbeiten, aber bringt es dem Zuschauer und mir in meiner täglichen Arbeit einen Zugewinn? Meine Antwort darauf war: nein.

Und wenn ich ganz ehrlich bin: Bei Professoren und Kommilitonen hätte ich wegen meiner TV-Präsenz sicher nicht den einfachsten Stand gehabt, aber das hätte mich nicht am Studium gehindert.

Was hingegen für meine Arbeit nützlich ist, aber kaum an der Universität vermittelt wird, ist Synoptik (ein Teilgebiet der Meteorologie, in welchem durch Analyse und Zusammenfassung verschiedener Wetterstationen eine großräumige Vorhersage entsteht) und praktisches Wissen. Es ist hilfreicher, die verschiedenen Kälte- und Nebellöcher in Deutschland oder die Bodenbeschaffenheit zu kennen, um zum Beispiel Hitzerekorde besser einordnen zu können.

Ich habe besonders in den ersten Jahren den Meteorologen unendlich viele Fragen gestellt, gelesen und im Internet recherchiert. Irgendwann kommt dann, zwangsweise, die Erfahrung dazu. Aber auch im Privatleben ist Wetter für mich sehr relevant: beim Segeln oder in den Bergen ist es wichtig, die Wolkenformationen zu kennen, um für meinen kleinen Bereich die richtigen Entscheidungen zu treffen.

Ich bin sozusagen ein Meteorologe des Typs *Learning-by-doing*. Auch ein bekannter Schweizer Wettermoderator hat nie Meteorologie studiert – allerdings Mathematik und Physik, was ich für mich eher nicht infrage gekommen wäre.

Ich sehe mich als Übersetzer. Als Übersetzer von mitunter komplizierten Sachverhalten in die Sprache der Zuschauer. Als Übersetzer muss man beide Sprachen sehr gut verstehen, um übersetzen zu können. Ich muss beim Briefing mit dem Meteorologen erkennen, worauf es ihm ankommt, was die wichtigsten Informationen für die Zuschauer sind. Und andererseits muss ich wissen, wie ich diese Informationen für die Zuschauer aufbereite und präsentiere. Hier bildet auch die grafische Umsetzung ein wichtiges »Stück vom Kuchen« einer gelungenen Wettervorhersage.

Mit guten Grafiken oder Animationen kann man komplizierte Zusammenhänge so darstellen, dass auch Zuschauer, die sich eigentlich nicht für die Hintergründe interessieren, eine kurzweilige und verständliche Erklärung bekommen.

Ich bin sozusagen der Produktmanager meines Wetters. Wie läuft das ab?

Sobald ich die zeitliche Vorgabe von der Redaktion, in der das Wetter ausgestrahlt werden soll, bekomme, geht's los!

Der Meteorologe gibt mir ein Briefing, bei dem am besten auch der oder die Grafiker/in dabeisein sollte. Dann überlegen wir, wie die Wetterlage und Vorhersage grafisch am interessantesten umzusetzen sind. Wenn wir Wetterbilder unserer Kameramänner (und einer Kamerafrau!) zeigen, dann wählen wir oft noch etwas Musik für den Hintergrund dazu aus. Der/die Grafiker/in schneidet die Bilder, gestaltet die Karten und Animationen – das passiert oft, während ich in der Maske sitze –, und dann gucken wir gemeinsam noch einmal über das Ergebnis, denn besonders frühmorgens ist alles Teamwork. Nicht jeder ist immer voll ausgeschlafen und auf der Höhe der recht frühen Zeit, und so denken wir füreinander mit. Das ist wunderbar und macht das Arbeiten am Morgen zu einem großen Vergnügen!

Wir arbeiten mittlerweile seit vielen Jahren in einem festen Team zusammen. Unsere Meteorologen und Grafiker wissen, worauf es beim Wetter im Fernsehen ankommt.

Das war allerdings nicht immer so.

In den Anfangsjahren gab es oft einen bunten Wechsel bei den Meteorologen und bei der Grafik. So hatte ich 1994 eine junge Amerikanerin aus Georgia, die sich etwas Geld gespart hatte und mit ihren neunzehn Jahren nach Europa geflogen war. Irgendwie war sie in Köln hängen geblieben und fragte einfach bei *RTL* nach einem Job. Sie wurde in die Wetterredaktion geschickt, da wir gerade Grafiker suchten. Cathleen, so ihr Name, war sehr schnell fit mit unserer neuen Grafiksoftware, nur sprach sie kein Wort Deutsch und kannte sich noch viel weniger in der Geografie Deutschlands aus. Ihre sehr nette Art kompensierte all das, nur das Arbeiten ging nicht auf Zuruf, denn sie konnte mit »please, place some thunderstorms over the Thuringian Forest« nichts anfangen. Sie blieb ein recht lustiges Jahr und ging dann nach Irland. Unser Grafiksystem zu der Zeit kam von der texanischen Firma Kavouras und ich musste öfter in Texas anrufen, da wir technische Probleme hatten. Dort war, bedingt durch die sieben Stunden Zeitverschiebung, meist nur der Pförtner da, wenn ich nachts, um drei Uhr deutscher Zeit, anrief. Diese Anrufe meisterte Cathleen nun, und das mit Bravour.

Es hatte sich in Texas Mitte der Neunziger noch nicht ganz rumgesprochen, dass es in Europa neue Grenzen gab, besonders auf dem Balkan! Und dass einige weggefallen waren, wie in Deutschland. Das holten wir dann mit Atlas und einer ruhigen Hand in der Grafik nach. Auch die Niederlande waren nur sehr klein. Das Modell hatte nämlich Probleme, Land unter dem Meeresspiegel abzubilden. Und davon gibt es dort ja nicht zu wenig!

Besonders spannend wird es, wenn es ein neues Design der Wetterkarten gibt oder gar die Städte auf der Karte geändert werden! Dann kommt es immer zu Diskussionen, welche Städte als Orientierung für den Zuschauer gelten sollten. Mitunter mischen sich auch mal Oberbürgermeister ein, die ihre Stadt nicht recht repräsentiert sehen. Berlin steht außer Frage, auch Hamburg, München und Frankfurt können sich allein schon wegen der Größe der Einwohnerzahlen sicher sein, einen Platz zu ergattern. Köln punktete dagegen nicht nur wegen der Einwohner, sondern auch wegen der Kürze des Wortes. Vier Buchstaben sind kaum zu toppen, nur noch von Kiel oder Bonn. Aber Bonn ist ja nun keine Hauptstadt mehr. Hannover hat es in der Mitte erfahrungsgemäß schwer, sich auf eine Deutschlandkarte zu schieben. Es ginge dann, je nach Schriftgröße, vom Ruhrgebiet bis zur Magdeburger Börde. Und dann erst das Ruhrgebiet! Mehr als fünf Millionen Menschen in meist kurznamigen, aber zahlreichen Städten: Essen, Bochum, Dortmund, Duisburg, Gelsenkirchen, Oberhausen ... Das Spiel gibt es auch auf der Europakarte. Island fühlt sich mitunter etwas ausgeschlossen, wie der Tourismusverband uns versicherte. Da kann man etwas auf der Karte nachhelfen, hin- und herschieben und schon spielen auch die Isländer wieder mehr mit. Insbesondere da das Islandtief oft genug seine Boten zu uns schickt.

Auch auf der Europakarte haben es kurze Städte leichter auf die Karte zu kommen. Rom hat nicht nur drei Buchstaben, sondern liegt auch noch ganz einsam und in der Mitte Italiens. Paris und London sind auch wieder Selbstläufer, ebenso wie Moskau. Skandinaviens Hauptstädte haben genügend Luft untereinander. Anders sieht es mit den baltischen Republiken aus, bei denen es meist nur Riga auf eine Karte schafft. Wien als zweitgrößte deutschsprachige Stadt bekommt natürlich den Vorzug gegenüber Budapest (wäre es nur Buda oder Pest sähe die Sache anders aus, aber seit dem Zusammenschluss 1873 haben sich die Chancen, auf unsere Wetterkarte zu gelangen, leider reduziert, obwohl es die zehntgrößte Stadt Europas und wirklich wunderschön ist).

Der Ausschnitt der Europakarte umfasst meist auch Teile Nordafrikas. Wobei Tunis nicht nur als kurzer Name, sondern auch als Hauptstadt eines beliebtes Reiselandes Eingang findet. Und in diesem Zusammenhang kam dann auch Bulgariens Hauptstadt Sofia hinzu. Bei der Türkei schafft es meist Istanbul auf die Karte. Nicht nur, da ein Teil der Stadt noch zu Europa gehört, sondern auch, weil es mehr Einwohner als Ankara hat und öfter Reiseziel deutscher Touristen ist.

Für den Menschen, der nun vor der Europakarte steht, ist es wichtig, sich zu bewegen. In meinem ersten Jahr bekam ich einen entrüsteten Brief eines griechischen Zuschauers, dass ich mit meinem dicken Hintern immer Griechenland verdecken würde. Nach dieser konstruktiven Kritik habe ich noch mehr darauf geachtet, diesen Teil Europas nicht zu verdecken. Wir haben viele Zuschauer in Deutschland, die aus süd- oder osteuropäischen Ländern stammen und gern sehen möchten, wie das Wetter bei den Verwandten und der Familie ist.

Man guckt auch außerhalb Deutschlands gerne das deutsche Wetter, wie ich aus zahlreichen Mails und Briefen der Zuschauer weiß. Entweder, um die deutsche Sprache zu lernen oder nicht zu vergessen, um sich daran zu erfreuen, wie verregnet Wetter sein kann, während man selbst unter der Sonne Spaniens sitzt, oder wegen der inneren Verbundenheit mit den Daheimgebliebenen (als Langzeiturlauber oder Auswanderer).

Und dann ist da noch das Zeitproblem. Die Wettermenschen, und das rund um den Globus, bekommen in der Regel immer zu wenig Sendezeit. Es sei denn, es wäre ein Sender, der ausschließlich Wetter sendet. Das gibt es in Nordamerika, in Deutschland konnte sich diese Idee nicht durchsetzen, und der Wetterkanal musste nach nur knapp zwei Jahren 1998 wieder den Betrieb einstellen.

Wir kämpfen mitunter wie Löwen für ein paar Sekunden mehr Sendezeit. Kommt zum Beispiel eine Glatteisfront und alle Sender warnen rechtzeitig, so dass es anschließend in den Nachrichten nur wenige Berichte über Unfälle gibt, dann ist das zwar schlecht fürs Nachrichtengeschäft, aber gut für die Menschen und letztendlich auch eine Bestätigung, dass die Vorhersage ernst genommen wurde und sich die Menschen darauf eingestellt haben.

Also ich freue mich immer, wenn es nach solchen Wetterereignissen wenig zu berichten gibt – was nicht automatisch heißen muss, dass es ja gar nicht so schlimm war.

Wo wohnt denn
der nächste Nachbar?

Ach so! Das Wetter, Quebec und kulturelle Unterschiede

Wer an Nordamerika denkt, der denkt oft an Naturgewalten: Tornados, Hurrikans, Schneestürme oder Blizzards. Und natürlich interessiert das Wetter dort, wo es lebensbedrohlich werden kann, auch jeden. Bei uns in Deutschland und Europa war das bislang weniger der Fall. Meist regnet es – oder eben nicht.

Das scheint sich allerdings in letzter Zeit zu ändern. Nicht, weil alles aus Nordamerika mit Verspätung auch nach Europa schwappt, sondern weil sich extreme Wetterereignisse auch bei uns häufen: ob es nun Überschwemmungen, Trockenheit, Murenabgänge, Orkane, Tornados, Eisregen oder Schneefälle sind, die Liste ließe sich noch endlos verlängern.

So gibt es vom bislang oft belanglosen Small-Talk-Thema Wetter eine Verschiebung hin zu Themen wie Klimawandel, globale Erwärmung und Katastrophen ...

Als ich meinen Mann 1996 kennenlernte und Wetter bei uns in Deutschland noch ein Small-Talk-Thema war, schockierte es mich zutiefst, als er mich am Telefon nach dem WETTER in Köln fragte. Oh, das war's dann wohl mit dem Kanadier – schoss es mir durch den Kopf! Jetzt fragt er mich schon nach dem Wetter! Aber es handelte sich um ein tiefgreifendes kulturelles Missverständnis, wie sich alsbald herausstellte, eines von sehr vielen im Laufe der Jahre. Die Frage nach dem Wetter war von einem echten Interesse und einer wahren Anteilnahme an meinem Leben getrieben. Er wollte es wirklich wissen! Es interessierte ihn! Und nun gehen wir auf die Silberhochzeit zu.

Ein anderes kulturelles Missverständnis präsentierte sich dann ein paar Jahre später in Montreal.

Der Vater meines Trauzeugen war ganz überraschend verstorben, und wir waren zur Beerdigung eingeladen, dachte ich. Es war Mitte Januar. Der Schnee lag dreißig Zentimeter hoch, und das Thermometer zeigte auch tagsüber frische minus zwanzig Grad Celsius.

Ich zog mir warme Hosen und Stiefel an – mein Mann hingegen schlug mir ein Kostüm vor. Mit der Lebenserfahrung von sechsunddreißig Jahren und leider bereits vielen Beerdigungen in allen Jahreszeiten blieb ich aber lieber bei meinen Hosen und Stiefeln.

Nachdem mein Mann im Auto auf dem Weg wieder anfing, an meinem Outfit zu kritteln, sagte ich, dass ich nicht krank werden wolle – bei den Temperaturen! Darauf erwiderte er sichtlich irritiert: Wieso krank? Es findet doch alles im Haus des Bestatters statt. Niemand geht nach draußen. Es ist doch schließlich Winter! Es liegen dreißig Zentimeter Schnee, und der Boden ist einen Meter durchgefroren. Selbstverständlich wartet man bis zum Frühjahr mit der Beisetzung. Dies wäre jetzt nur die Trauerfeier.

Das war ein typischer Ach-so!-Moment.

Ach-so!-Momente kann man einfach nicht in andere Sprachen übersetzen. Sie sind so deutsch wie »Abendbrot« und »Kaffeetrinken«. Und so gehört »Ach so!« zu unserem üblichen familiären Hausgebrauch.

Mit Mitte dreißig war ich fest davon überzeugt, so in etwa zu wissen, wie der Hase im Leben läuft, und hatte daher gar nicht weiter nachgefragt. Das galt natürlich auch für meinen Mann, der ebenfalls voraussetzte, dass man in diesem Alter so in etwa weiß, wie der Hase hoppelt. Das zeigte uns, dass selbst Partner aus annähernd demselben Kulturkreis oft größere Missverständnisse erleben können. Wie muss es da erst bei Partnern aus ganz unterschiedlichen Kulturkreisen sein!

Als wir meinen Schwiegervater besuchten, der auf dem flachen Land in Quebec wohnte, fielen mir dann die winzigen, fensterlosen Häuschen auf, die vor vielen Ortschaften und Dörfern aufgestellt waren. Dort wurden in früheren Zeiten die Toten bis zum Frühjahr aufbewahrt.

Ach so!

Natürlich hat man in einem Land, in dem lebensbedrohliche Blizzards aufziehen können, nicht nur eine gute Ausrede für Absagen zu Meetings privater und geschäftlicher Natur. Nein, das akzeptiert auch jeder.

Eines schönen Winters waren wir zum Eisklettern ins benachbarte New Hampshire in die USA aufgebrochen. Nur ein paar Autostunden von Montreal entfernt, reichte es für einen schönen Winterausflug über das Wochenende.

Nun lag ich seit wirklich langer Zeit meinem Mann in den Ohren, doch endlich mal in dem berühmten Mount Washington Hotel zu übernachten.

Hier wurden 1944 während der Bretton-Woods-Konferenz die Weltbank und der Internationale Währungsfonds gegründet. Das hatte sogar Einzug in mein DDR-Geschichtsbuch gehalten, wie ich mich erinnerte.

Für Meteorologen hat der Berg, der dem Hotel seinen Namen gab, indes eine andere und ganz besondere

Bedeutung. Mount Washington ist nicht nur der höchste Berg östlich des Mississippis. Durch seine exponierte Lage gab es hier auch einige andere Rekorde: 1934 wurde eine Windböe mit 231 Meilen pro Stunde gemessen (das entspricht 372 Kilometern pro Stunde). Bis 1996 war das die höchste jemals gemessene Windgeschwindigkeit auf unserem Planten. Der durchschnittliche Wind liegt bei 52 Kilometern pro Stunde, was nun auch nicht gerade wenig ist und Windstärke sieben entspricht, die gleich unterhalb eines Sturmes liegt.

Dazu ist es am Mount Washington oft sehr kalt und es fällt sehr viel Schnee, da die mit Atlantikfeuchte beladenen Wolken auf dem Weg nach Norden gern am Berg hängen bleiben und all ihren Schnee abwerfen.

Wir waren im Winter dort, und so wollte ich mir den Besuch auf dem Berg für den Sommer aufheben, der dort oben wenig mit dem zu tun hat, was wir landläufig unter einem sommerlichen Ausflug in die Berge verstehen.

Trotzdem gibt es ab Januar viele Möglichkeiten zum Eisklettern, die ich unbedingt wahrnehmen wollte. Das Mount Washington Valley ist ein Eiskletterparadies, auch wenn man das Paradies üblicherweise mit etwas wärmeren Temperaturen in Verbindung bringt. Nicht umsonst findet seit 1992 das jährliche Eiskletterfestival statt.

Den Rucksack gepackt, ging es mit Seil und den feinen metallischen Kling-klang-Tönen der am Klettergurt und Rucksack angehängten Karabiner und Eisschrauben zum Kletterplatz. Ich liebes dieses zarte Kling-klang!

Das Eis dort war hart und schon leicht bläulich gefärbt, denn die Temperaturen lagen in den Tagen zuvor deutlich im zweistelligen Minusbereich, auch tagsüber. Perfekt!

Da ich keine Artikel in Klettermagazinen schreiben muss, um damit meinen Lebensunterhalt zu verdienen oder sonstwie auf mich aufmerksam zu machen, ist Klettern für mich immer reines Genussklettern. Heißer Tee ist bei mir immer mit dabei, wie auch eine gehörige Portion realistischer Selbsteinschätzung der eigenen Kletterkünste und die Freude daran, einfach in der Natur zu sein.

Es hatte in der Vergangenheit auch Eisklettertage gegeben, da kamen wir nach dreistündiger Autofahrt quer durch die Provinz Quebec endlich am Ziel unserer Wünsche, Pont-Rouge, an, um dann festzustellen, dass sich das Eis seit dem letzten Eintrag in einschlägigen Internetforen in ein eher gelblich-marodes und tropfendes Etwas verwandelt hatte. Pont-Rouge überraschte mich aber darüber hinaus, denn man sieht nichts als flache Landschaft – bis man plötzlich an den Wasserfällen steht, die sich als Eisfälle in die Tiefe stürzen. Natürlich ist man ein bisschen enttäuscht,

Ein Tee in freier Natur

wenn das Eis zu marode ist, aber dann entschädigen der heiße Tee in der Natur ebenso wie die frisch-kalte Luft. Und man darf eins sein mit der Natur – denn außer uns war niemand dort.

Diese Stille, nur unterbrochen vom Gurgeln des Wassers und Tropfen des Eises in der ansonsten erdrückenden Lautlosigkeit, ist so gewaltig, dass es mir oft Tränen ob der Schönheit der Natur in die Augen treibt – die bei Minusgraden aber schnell weggewischt werden sollten. Das sind Sternstunden des Lebens für mich.

Wir hatten einen schönen Eisklettertag in New Hampshire hinter uns und machten uns wieder auf den Rückweg. Es war inzwischen dunkel geworden und Schneefall setzte ein. Normalerweise braucht man für diese Strecke etwas mehr als vier Stunden. Wir fuhren nicht sehr schnell. Die Straße war zwar anfangs noch geräumt, aber dennoch konnte sich dort auch das gefürchtete »Black Ice« verstecken. Das sind vereiste Straßenabschnitte, auf denen man in Gottes Hand ist und hoffentlich alle Schutzengel die Augen offenhalten.

Der Schneefall wurde immer intensiver, und wir bemerkten bald, dass außer uns kaum ein Auto unterwegs war. Wir fuhren weiter durch die Nacht, die eigentlich ja noch Abend war. Die weißen Flocken kamen immer zahlreicher, größer und schneller auf uns zu. Das helle Scheinwerferlicht schien jede einzelne Flocke anzuleuchten. Die Sicht hatte sich in der Zwischenzeit auf kaum zehn Meter reduziert. Ich war insgeheim sehr froh, nur Beifahrer zu sein. Das Autoradio war das Einzige, das die angespannte Stimmung, die im Auto herrschte, etwas auflockerte.

Die Gegend ist nämlich nicht nur wald-, sondern auch sehr wildreich.

Einem eiligen Virginia-Hirsch, auch Whitetail, nach dem nicht zu übersehenden weißen Puschelschwanz, (auf Deutsch: Weißwedelhirsch) genannt, wollten wir nicht begegnen, ganz zu schweigen von einem Elch, gegen dessen Körpermasse man kaum eine Chance hat. Wir fuhren also mit einem Blick nach vorn, aber auch die Seiten nicht außer Acht lassend, mit dreißig bis vierzig Kilometern pro Stunde die Autobahn entlang. Von Räumfahrzeugen war weit und breit nichts zu sehen, was jedoch nichts mit der bescheidenen Sicht zu tun hatte. Die Wettervorhersage hatte diesen Blizzard nicht erwähnt. Wir waren aber genau in einem solchen unterwegs. Der Wind verstärkte sich, und die Flocken kamen nun fast waagerecht der Windschutzscheibe, die den Namen nun zu vollem Recht trug, entgegen. Mir wurde schwindelig, mir wurde schlecht. Ich fühlte mich wie auf hoher See mit starkem Seegang. Immer mehr weiße Flocken kamen aus dem Dunkel auf mich zu, wie eine nicht enden wollende Attacke einer Schneeflockenarmee. Immer mehr Nachschub zauberte diese weiße Armee herbei, und ich fühlte mich kurz an den russischen Bürgerkrieg erinnert. Nur war es hier unblutig.

Mir blieb nichts anderes übrig, als die Augen zu schließen. Meine Konversationskünste, sonst immer gern in Anspruch genommen, waren an dieser Stelle vom Fahrer, der sich voll konzentrieren musste, nicht gefragt. Also lauschte ich dem Radio und hoffte, dass mein Mann die Sache im Griff hatte. Hatte er. Am Ende brauchten wir für die dreihundertfünfzig Kilometer acht Stunden, kamen aber unbeschadet in Montreal an. Seitdem weiß ich, was es bedeutet, in einen Schneesturm zu geraten. Ich kann darauf verzichten. Aber natürlich habe ich immer eine Decke und andere Dinge in Auto, auch in Deutschland, um für alle klimatischen Eventualitäten gewappnet zu sein.

Ich liebe Waldspaziergänge. In Quebec ist das jedoch meist gar nicht möglich. Man befindet sich sofort in tiefster Wildnis und undurchdringlichem Dickicht. Der Film »The Blair Witch Project« beschreibt es ziemlich genau, und nur ausgebildete Scouts und Fährtensucher haben eine Chance, dort wieder herauszufinden. Jedes Jahr verirren sich Menschen, nicht nur Touristen, und finden nicht mehr aus den Wäldern heraus.

Oder der Spaziergang geht durch einen privaten Wald und gerät dann mehr zu einem Hindernislauf. In Kanada werden über siebzig Prozent des weltweiten Ahornsirups geerntet. Über neunzig Prozent davon entfallen auf die Provinz Quebec.

Die mehr als 13 000 Ahornfarmer der Provinz lassen durchaus Menschen durch ihr Anbaugebiet laufen, aber man muss gut die Beine heben, sich permanent bücken, manchmal auch beides zugleich, um die Leitungen, die von einem Baum zum nächsten laufen, nicht zu zerstören. Während bis in die siebziger Jahre noch Töpfe oder Eimer an jedem Zuckerahornbaum angebracht waren, geht es heute etwas flüssiger, wenn man so will, und überall verlaufen diese blauen oder schwarzen Plastikleitungen durch die Ahornwälder. Zwischen fünfunddreißig und fünfzig Liter Saft spendet ein Baum jedes Frühjahr. Wer allerdings denkt, damit sei das schnelle Geld zu machen, dem sei verraten, dass die Bäume erst einmal dreißig bis vierzig Jahre alt werden müssen, bevor man sie für den Saft anzapfen kann. Es ist also eine Investition in eine längerfristigere Generationenplanung.

Die ersten Sirupkonsumenten waren die Ureinwohner im Nordosten Nordamerikas. Die Legende erzählt, dass eine Irokesin offenbar Regenwasser aus dem ausgehöhlten Stamm eines Ahornbaumes zum Kochen verwendet hatte.

Zuckerahornbäume kurz vor der »Ernte«. Die Plastikschläuche
erleichtern heutzutage die Arbeit

Der süßliche Geschmack fand Gefallen bei ihrem Mann,
und bald wurden die Tomahawks nicht nur zur Kriegs-
führung verwendet, sondern auch, etwas friedlicher, zum
Schlagen von Löchern in die Rinde der Ahornbäume zur
Saftgewinnung. Der Saft wurde anschließend mit heißen
Steinen gekocht, den sogenannten Kochsteinen, und zu
haltbarem Sirup verarbeitet. Die dankbaren Genießer ver-
anstalteten keinen *honey moon*, aber einen *maple moon*.
Das ist der erste Vollmond im Frühling. Dazu ehrten sie
den Sirup mit einem *maple dance*.

Heutzutage ist alles strengstens reglementiert und regu-
liert. Was aber geblieben ist, wie vor hundert Jahren, ist der
Spaß im Frühjahr, eine *cabane à sucre* oder *sugar shack* zu
besuchen. Hier wird der Saft zu Sirup gekocht. Was bei uns
der Besuch eines Weihnachtsmarktes im Kreis von Familie,
Freunden oder Kollegen, ist hier der Besuch einer solchen
Zuckerhütte.

Anders als die Weihnachtsmarktzeit bei uns, die recht gut zu planen ist, auch wenn für viele Weihnachten jedes Jahr wieder überraschend kommt, ist hier der Faktor Wetter entscheidend. Jeder Winter verläuft etwas anders, und so variiert auch die Saison der *cabanes à sucre* zwischen Ende Februar und Ende April. Sie dauert zwischen vier und acht Wochen und ist auch innerhalb der Provinz durch das jeweils unterschiedliche Wetter nicht einheitlich.

Die Nächte müssen noch frostig sein, aber nicht zu frostig! Minus fünf Grad sind genug, und tagsüber scheint schon die kräftige Frühjahrssonne und es gibt etwa fünf Grad plus. Das sind die Temperaturen, bei denen der Saft in den Baum schießt. Diese Zuckerahornbäume lieben den schneereichen und eisigen Winter der amerikanischen Ostküste.

Neben kleinen Zuckerhütten, die sich seit Generationen in Familienhand befinden, gibt es auch öffentliche *cabanes à sucre,* und oft ist auch ein Restaurant angeschlossen. Hier kann man alles mit und aus Ahornsirup essen und trinken, was man sich nur vorstellen kann.

Draußen vor der Zuckerhütte wird der gerade gewonnene und noch heiße Sirup in den sauberen und frischen Schnee gegossen oder getröpfelt. So entstehen lustig geformte Ahorn-Toffees, die *Draw on the snow* oder *Tire sur la neige.* Man kann auch ein Holzstäbchen mit dem Sirup über den frischen Schnee rollen, um daraus Lutscher zu formen. In einem schneereichen Winter kann man das auch in Deutschland ausprobieren: Einfach einen fertigen Sirup auf hundertacht bis hundertzwölf Grad Celsius erhitzen und dann in den frischen Schnee gießen. Et voilà!, jetzt hat man ein Stück Kanada zu Hause.

Drinnen gibt es von Bacon, über Pancakes, Butter, Likör bis zum Dessert als Tarte, Waffeln oder Gebäck nichts, was man nicht mit Ahronsirup backen, kochen, süßen oder verbessern kann. Der echte Ahornsirup besteht zu sechsundsechzig Prozent aus Zucker, hat aber weniger Kalorien als Honig und Zucker.

Zum vierzigsten Geburtstag meines Mannes hatte ich ein paar Freunde zu uns eingeladen. Es sollte eine kleine Überraschungsparty werden, wenn mein Mann von der Arbeit käme. Ich wollte gegen sechzehn Uhr mit dem Kaffeetrinken beginnen, hatte verschiedene – nicht zu süße – Kuchen und Torten gebacken, um später zum Abendessen überzuleiten. Mein Mann kam gegen sechzehn Uhr wie vereinbart – sonst aber niemand, auch nicht um siebzehn Uhr. Die Überraschung war daher durchaus auf der Seite meines Mannes, als er einen gedeckten Kaffeetisch für sechs Personen sah, und bei mir, weil niemand kam. Es gab auch keinen Anruf, und ich war ziemlich verunsichert, ob man uns die Freundschaft aufgekündigt hatte oder ob vielleicht alle zusammen in einen Unfall verwickelt waren. Am Schnee konnte es nicht liegen, es war Anfang Mai. Mein Mann war wesentlich entspannter und schien nicht weiter beunruhigt. Also tranken wir den Geburtstagskaffee im engsten Kreise der Familie, nämlich nur wir beide, und ich deckte den Kaffeetisch wieder ab.

Punkt achtzehn Uhr standen plötzlich alle gut gelaunt vor der Tür. Was war passiert? Man hatte mein Angebot zum Kaffeetrinken nicht verstanden *und es für ein Missverständnis gehalten.* Wahrscheinlich hat Maxi Probleme mit den französischen Zahlen und Zeiten, haben sie sich wohl gedacht. Ich hingegen hatte etwas für mich Selbstverständliches nicht richtig erklärt, und deutsche Tradition ist eben Tradition in Deutschland, nicht in Kanada. Kaffee und Kuchen gibt es hier am Ende des Essens, nicht so kurz vor dem Abendessen. Das ergab doch keinen Sinn! Ein Geburtstagskaffee, wie wir ihn kennen, wird eben nicht überall gepflegt.

Ach so!

Meine Mutter wollte gern ihren siebzigsten Geburtstag, der auf den 9. März fiel, in Kanada im Kreise der Familie feiern. So kamen nicht nur meine Mutter, sondern auch mein Bruder mit seiner Familie für ein paar Tage zu Besuch. Den Geburtstag selbst verbrachten wir an den Niagarafällen. Im Sommer ein Magnet für Touristen, sieht es dort im Winter wesentlich ruhiger aus. Tatsächlich schließen viele Hotels über einige Monate, denn es kommen kaum Besucher. 1999 war ein durchaus kalter Winter, und bis Anfang März hatten die Fälle Zeit, es etwas ruhiger angehen zu lassen. Mit anderen Worten: sie waren größtenteils gefroren. Das passiert nicht jedes Jahr. Dieser Anblick der gefrorenen Fälle, die abends mit vielfarbigen Scheinwerfern angestrahlt wurden, war so sensationell schön, dass es im Sommer kaum noch übertroffen werden kann. Zudem waren wir fast allein.

Wir wollten den Geburtstag mit einem kleinen Sektfrühstück im Hotel beginnen und baten den Kellner, uns die Getränkekarte zu bringen. Das überraschte Gesicht sprach Bände: Nein, vor zwölf Uhr könne er leider keinen Alkohol servieren. Aber vielleicht könnte er mit etwas guter Zurede in der Küche zwei Flaschen Bier für uns besorgen. Ich erwiderte, dass es uns nicht um das Auffüllen des Alkoholpegels ging, sondern dass wir auf das Wohl meiner Mutter anstoßen wollten. Es half nichts – es musste ohne Sekt gehen. Wir waren hier in der kanadischen Provinz Ontario, in Quebec wäre das kein Problem gewesen.

Ach so!

Mit meiner Mutter am zugefrorenen Sankt-Lorenz-Strom

Im Sommer 1996 besuchte mich mein Mann das erste Mal in Köln. Ich wollte ihm nicht nur Land und Leute zeigen, meine Familie und mein Berlin, sondern ihn auch kulinarisch überraschen. Er liebt Wurst und Würstchen, und so hatte ich leichtes Spiel. Ein Abendbrot wäre ein guter Start, war meine Überlegung. Ich bereitete also ein Abendbrot mit Brot, Käse, Wurst und allem, was man sich vorstellen kann, vor – samt einem richtigen Bier, das heißt kein Kölsch. Er fand das alles sehr lieb von mir, dachte allerdings, das sei nur die Vorspeise, das warme Hauptgericht würde noch kommen. Um nachzufragen, war er aber zu höflich. Nachts trieb ihn dann der Hunger in die Küche. Ich kam mit, wir hatten ein zweites »Abend«-Essen und lachten über das Missverständnis.

Es gibt Begriffe, die lassen sich einfach nicht in eine andere Sprache übersetzen, und drücken Traditionen aus. So gehören Kaffeetrinken und Abendbrot nun fest in unser Familienvokabular.

Ach so!

Ein Missverständnis muss ich oft in Deutschland aufklären. Wenn ich Kanada erwähne, dann kommen immer zwei besorgte Fragen: Wo wohnt denn der nächste Nachbar? und Ist es dort nicht zu kalt? Nun, das kommt drauf an, würde der Jurist antworten.

In Kanada gibt es durchaus, wie bei uns, Städte, wo der nächste Nachbar direkt nebenan wohnt. Achtzig Prozent der Kanadier wohnen in größeren Städten in einem Streifen entlang der Grenze zu den USA und entlang des Sankt-Lorenz-Stroms. Aber es gibt auch etwas einsamere Gegenden.

Da Kanada flächenmäßig das zweitgrößte Land der Welt ist, mit zwölf Klima- und sechs Zeitzonen, möchte ich mich hier nur auf Quebec beziehen. Die einzige Provinz, in der französisch gesprochen wird. Franzosen würden an dieser Stelle vielleicht etwas schmunzeln, da das Französisch, das in Quebec gesprochen wird, sagen wir mal, für sie nicht immer verständlich ist, weshalb Filme aus Quebec im französischen Fernsehen meist mit französischen Untertiteln gezeigt werden. Es ist ein recht altes Französisch, das die Einwanderer im sechzehnten und siebzehnten Jahrhundert aus Frankreich mitbrachten und das sich bis heute größtenteils in jener Form erhalten hat.

Die Sommer in Quebec sind sehr warm, und durch die über eine Million Seen, den Sankt-Lorenz-Strom und die anderen großen Flüsse ist es oft auch sehr schwül. Zweimal in meinem Leben stand ich kurz vor einem Hitzekollaps, beide Male in Montreal. Das zweite Mal war ich in unserem neu gebauten Haus, das noch keine Klimaanlage hatte. Ich war nicht in der Sonne, sondern den ganzen Tag im Haus beschäftigt und merkte gar nicht, wie meine Körpertemperatur stetig anstieg. Es ging mir nur nicht besonders gut.

Als mein Mann am späteren Nachmittag von der Arbeit kam, sah er die rote Tomate, die seine Frau war, drehte den kalten Wasserhahn der Wanne auf und setzte mich in diese Abkühlung. Das anfangs natürlich sehr kalte Wasser tat aber, was es sollte und brachte mich wieder in den Normalbereich der Körpertemperatur zurück. Seitdem bin ich mir der Gefahr bewusst, auch wenn man nicht in der Sonne sitzt, einen Hitzekollaps erleiden zu können.

Der Herbst in Quebec ist lang und wunderbar. Dabei kommt der von der Tourismusindustrie verkündete *Indian Summer* oder *l'été indien* von September bis November eigentlich gar nicht jedes Jahr. Der ursprüngliche *Indian Summer* beschränkt sich auf ein paar Tage Ende Oktober oder Anfang November, an denen es sonnig und warm ist. Nachdem es zuvor einige frostige Nächte gegeben hat, gehen die Temperaturen in dieser Zeit noch einmal auf bis zu zwanzig Grad hinauf, gefolgt von einem plötzlichen Wintereinbruch mit Schnee und Frost.

Die Bäume allerdings leuchten jeden Herbst in den allerschönsten Farben. Das besonders intensive Leuchten geht auf das Konto des Zuckerahornbaumes, der hier weiträumig wächst.

Der Winter ist kalt und schneereich. Ich liebe es! Besonders die Tage mit unter zwanzig Grad und strahlendem Sonnenschein sind wunderschön. Es ist eine trockene Kälte. Die Haut mag das allerdings weniger. Das ist schon dermatologischer Hochleistungssport, wenn man von minus zwanzig Grad, mit nur etwas Wind auch schnell minus dreißig Grad Celsius, ins Haus mit zweiundzwanzig Grad plus kommt. Die fünfzig Grad Unterschied innerhalb weniger Sekunden müssen die Kapillaren erst einmal verkraften. Das tun sie oft nicht, und dann bleiben kleine, unfeine, aber gut sichtbare Äderchen zurück.

Ich liebe den Winter!

Eine hautfreundlichere Variante des Städtebaus hat sich in Montreal entwickelt. Dort gibt es eine Stadt unterhalb der Stadt, was die Bewohner besonders im Winter zu schätzen wissen. 1962 eröffnete diese Ville Souterrain oder RÉSO genannte Stadt, die mit zweiunddreißig Kilometern Länge auf drei bis vier Stockwerken in die Tiefe gebaut wurde. Es gibt hier mehr als eintausendsechshundert Geschäfte, Restaurants und Cafés. Verbunden mit den U-Bahn-Linien und den wichtigsten Bürogebäuden und Hotels, gut klimatisiert, muss kein Mensch draußen frieren und sich mit dem Schnee, der in einer Stadt immer ein Problem ist, herumschlagen. Montreal ist daher eine wunderbare Mischung aus frankophoner Lebensart und amerikanischer Servicewelt. Hier gibt es unglaublich viele sensationelle Restaurants – und natürlich die *Canadiens*. Ich habe oft auch Eishockey-Fans aus Deutschland auf dem Flughafen getroffen, deutlich an ihren Souvenir-Outfits der *Canadiens* zu erkennen.

Das Frühjahr, um den Reigen der Jahreszeiten zu beenden, ist, anders als bei uns, die kürzeste Jahreszeit in Quebec. Oft dauert es nur drei bis vier Wochen, um dann gleich in den Hochsommer überzugehen. Es kann aber auch im April noch einen kräftigen Schneesturm geben.

Mittlerweile kennen mein Mann und ich uns schon lange und recht gut, und gerade deshalb möchte ich nicht ausschließen, dass es auch nach über zwanzig Jahren noch kulturelle Missverständnisse geben kann. Nur jetzt bin ich offener und besser darauf vorbereitet, auf die Ach-so!-Momente.

Die Luft ist manchmal
wie zum Schneiden dicht
mit all den Träumen ...

Nachts, wenn die Träume fliegen

Die kreativsten, aber auch die einsamsten Stunden sind für mich die zwischen ein und fünf Uhr nachts.

Die Welt schläft, zumindest in dem Teil, der mich gerade umgibt, und nur verirrte Seelen sind zu dieser Zeit unterwegs. Seelen, die sich darum kümmern, dass andere gut versorgt oder bewacht werden oder gut gelaunt in den neuen Tag kommen – vom Bäcker über den Wachmann und die Nachtschwester bis zum LKW-Fahrer und Frühmoderator.

Zwischen ein und fünf Uhr nachts sind selbst die Gespenster, die ja bekanntlich ab Mitternacht für eine Stunde unterwegs sind, schon wieder in ihren Gemächern.

Nur die Träume der Schlafenden, die sind aktiv und schweben durch die Nacht.

In manchen Nächten ist die Luft so voller Träume, dass es schon etwas schwierig ist, durch sie hindurchzukommen. Wie Spinnweben im Altweibersommer ziehen sie sich durch die Luft.

Mitunter bleibe ich an einer Traum-Spinnwebe hängen und erwische eine Momentaufnahme dieses Traums: Da sind Menschen, die sich durch ihre bevorstehende Hochzeit träumen, Menschen, denen großen Leid widerfahren ist und deren Seelen im Schlaf etwas Erholung finden von den Strapazen des Tages, Menschen, die sich auf den Urlaub freuen, und auch Menschen mit Prüfungsangst vor dem bevorstehenden Examen.

Die Luft ist manchmal wie zum Schneiden dicht von all den Träumen – und der Energie, die in ihnen steckt! Könnten wir diese Energie für die Stromerzeugung nutzen, dann gäbe es einen solchen Überschuss, dass wir ohne Probleme wohl auch unsere Nachbarplaneten mitversorgen könnten. Das wäre eine Energiewende! Noch aber sind wir nicht so weit.

Zu dieser Zeit, der stillsten des noch nicht mal in die Pubertät gekommenen Tages, ist alles erlaubt, was an Gedankenspielen möglich ist. Da wird der Schüchterne zum Mörder, der Überarbeitete baut am Strand eine Kleckerburg aus warmem Wasser und Sand, der nur mittelmäßig Begabte bekommt Ovationen für eine Fuge von Bach auf einer Silbermann-Orgel.

Und ich träume mich auf unser Boot in karibische Gefilde, wo es warm ist und der Himmel sich wie eine Kuppel mit all seinen Sternen über uns legt. Dort, wo man im Dunklen mit einer Taschenlampe auf das Wasser leuchten kann – und plötzlich springen Hunderte kleine Fische aus dem Wasser und folgen dem Lichtkegel, den ich langsam einen Kreis um das Boot beschreiben lasse.

Ich fühle mich wie ein Zirkusdirektor, der seine stolzen Lippizaner am Rand der Manege im Kreis laufen lässt – nur passiert das alles ohne Training, und verbeugen müssen sich die Fische auch nicht vor dem imaginären Publikum. Man schaltet einfach die Taschenlampe wieder aus, und alles versinkt in schwärzester Dunkelheit – auch die Fische.

In diesen Stunden erscheint die Welt friedlicher, als sie tagsüber wirklich ist, wie eine zarte Gestalt, der man ohne Arg begegnet.

Seit über fünfundzwanzig Jahren arbeite ich hauptsächlich nachts. Ja, es ist anstrengend und ziemlich gegen den Rhythmus eines Homo sapiens gerichtet, wobei einige Exemplare ausgesprochene Nachttiere sind, auch wenn sie keine großen, nachtsichtigen Augen und Fledermausohren haben.

Dieser Homo sapiens nocturnus ist größtenteils noch etwas jünger, in der ersten Nachthälfte anzutreffen und dies oft in größeren Gruppen bei Musik und Alkohol.

Die anderen, die eher am morgendlichen Ende der Nacht arbeiten, besitzen größtenteils ein freundliches Wesen, Gemeinsinn, Nachsichtigkeit und Einfühlungsvermögen. Das macht das Arbeiten in diesen Stunden sehr angenehm.

Ich danke allen, die sich zu dieser Zeit, wenn die Träume fliegen, um andere sorgen. Ohne sie würde unsere Welt tagsüber nicht funktionieren.

*Leider machen Tiere
nicht immer das,
was sie sollen.*

Warum es immer etwas Besonderes ist, das Wetter draußen zu moderieren

Natürlich wird mir jeder zustimmen, wenn ich sage, dass es mitunter sehr schön sein kann, ab und an den Schreibtisch im mehr oder weniger tristen Büro gegen die freie Wildbahn einzutauschen.

Beim Wetter geschieht dies meist, wenn etwas Besonderes passiert: Schneesturm, Hitze oder Trockenheit gehören ebenso dazu wie der erste große Herbststurm an der wellengepeitschten Nordsee oder eben auch mal eine Plage.

In meinem Fall war es der Wunsch meiner Redaktion, nach einer langen feucht-warmen Wetterperiode im Sommer die Mückenplage vor Ort im Spreewald mal etwas genauer zu begutachten. So machte ich mich auf den Weg – selbstverständlich schwer beladen mit Mückenschutz aller Art.

Vielleicht sollte ich erwähnen, dass ich schon als Kind immer mit großer Vorliebe von diesen stechenden Weibchen (Männchen tun dies nämlich nicht, wie wir heute wissen, sie bevorzugen Nektar oder Fruchtsaft) attackiert wurde. Andere Kinder oder Erwachsene hatten in meiner Gegenwart nichts zu befürchten, da sich alle Blutsaugerinnen auf mir verabredet hatten. Bei der Auswahl der Mückenopfer spielen wohl genetische Ursachen eine Rolle.

Auch wenn die Wissenschaft auf dem Gebiet der Mücken-
forschung offenbar schon große Fortschritte gemacht hat,
für mich hat sich bislang nicht viel geändert.

Leider habe ich wohl begehrenswerte Gene, denn auch
der mehr als großzügige Gebrauch von Cremes und Sprays
aller Art half und hilft bei mir recht wenig.

Dank der Forschung wissen wir, dass die Weibchen besonders am Morgen aktiv auf Nahrungssuche sind. Nun,
meine erste Live-Wetterschalte wurde früh um sechs Uhr
erwartet. Natürlich bedeutet das, etwa eine Stunde früher
vor Ort zu sein. In alten Zeiten mussten dann noch viele
Kabel ausgerollt und verlegt werden. Es werden Ton, Bild
und die Verbindung nach Köln in die Sendezentrale ge-
testet, und nicht zuletzt muss ich mit dem Kameramann
und seinem Assistenten abstimmen, welche Aktionen oder
Gänge ich geplant habe.

Selten dürften die Mückinnen im Spreewald eine größere Orgie gefeiert haben. Sie waren wie im Blutrausch,
und ich konnte gar nicht so schnell zuschlagen, wie Ohren,
Hals, Hände und sehr viele Stellen im Gesicht unter den
Steckattacken anschwollen. Nicht zuletzt fand auch eine
Mücke ihren Weg auf meine Unterlippe, und ich sah aus
wie ein ohne Deckung kämpfender Preisboxer.

Zumindest war ich für die Zuschauer ein glaubwürdi-
ger Zeuge der Berichterstattung über die Mückenplage
im Spreewald – und eine große Erheiterung für meine
Kollegen.

Leider gehen die Wünsche des Chefs vom Dienst, CvD
genannt, und die Realität nicht immer friedlich Hand in
Hand.

In den Alpen herrschte seit einigen Tagen die höchste
Lawinenwarnstufe, Stufe fünf. Es hatte bereits einige La-

winenabgänge gegeben, und es war klar, dass es noch mehr und größere geben würde. In dieser Situation wurde ich nach Tirol geschickt ... Immer eine Reise wert, zeigte sich das Alpenländle nun aber von seiner winterlichsten Seite: Schneegestöber ohne Ende! Das Team, vorgesehene aus Kameramann, Assi und mir, fuhr in die vorgesehene Gegend – es schneite kräftig weiter. Wir guckten uns einen Platz zum Drehen aus – es schneite kräftig weiter.

Es war einmal vor langer, langer Zeit, gefühlt sind es Jahrhunderte, da gab es noch keine praktischen Apps mit Radar, GPS mit genauer Ortsbestimmung und allem heute nicht mehr wegzudenkenden Luxus ... Die Älteren erinnern sich vielleicht noch dunkel.

Unser Dreh lag in jener Zeit. Wir warteten noch etwas, ob sich der Schneefall beruhigen würde. Das tat er leider nicht. Und da wir abends ja ein »Wetter« senden wollten, aus den verschneiten Alpen, mussten wir irgendwann loslegen.

Als das Ergebnis dann Stunden später in Köln eintrudelte – die heute so praktische Möglichkeit, per Handy das gedrehte Material zu überspielen gab es natürlich gleichfalls noch nicht –, war die Enttäuschung des CvD groß!

Er hatte sich – unausgesprochen – Folgendes vorgestellt: Maxi in tief verschneiter, beeindruckender Alpenkulisse vor blauem Himmel.

Ich jedoch stand im Schneegestöber, der Kameramann keine drei Meter entfernt, sonst hätten wir uns nämlich aus den Augen verloren, und es war außer heftigem Schneefall und einer tief verschneiten Moderatorin nicht viel zu sehen. Das hätten wir mit etwas Technik auch im Studio hinbekommen ...

Die Meteorologie vergibt, anders als die Hotellerie, nur bis zu vier Sterne. Dieser Schneefall hatte vier Sternchen verdient und der Meteorologe würde es »starker Schneefall, anhaltender« nennen und ihm die Nummer fünfundsiebzig geben.

Was mich begeistert, ist Ordnung! Auch wenn ich sie selbst nicht immer so gut im Griff habe.

Die WMO, die Weltorganisation für Meteorologie, hat sich weltweit auf Standards geeinigt. In diesem Fall würde man sagen: das war ein klassischer Fünfundsiebziger.

Ein anderes Symbol ist mir ebenfalls deutlich und mit größerer Heiterkeit im Gedächtnis geblieben: Nummer vierundachtzig, mäßige oder starke Schneeregenschauer. In meinem Fall war es ganz eindeutig ein ziemlich starker Schneeregenschauer.

An Weihnachten oder den darauffolgenden Feiertagen möchte man den Zuschauern gern etwas Besonderes bieten, am liebsten natürlich etwas in Weiß. Es war bereits ein Hauch von Schnee gefallen, einige Hügel vor den Toren Kölns waren auch schon ein bisschen weiß, und so hatte die Redaktion entschieden: Fahr doch mit dem Schlitten einfach ins Bergische Land für etwas Weiße-Weihnachtsstimmung.

Natürlich hat man nicht nur im Studio Make-up im Gesicht, sondern auch, wenn man draußen dreht. Ohne zumindest leichtes Make-up sieht man sonst etwas rötlich gescheckt aus, und das möchte wirklich niemand sehen. In großen Hollywoodproduktionen kann man mitunter bestaunen, was passiert, wenn die Make-up-Artists die Ohren nicht mitschminken – die lenken mich dann in ihrer faszinierenden Röte total vom Rest des Films ab. Aber vielleicht ist das ja Kunst und so gewollt.

Das Team und ich fuhren guter Dinge los. Ich hatte mich geschminkt, und da es ja in den Schnee beziehungs-

weise Schneeregen gehen sollte, hatte ich die Wimpern-
tusche einer bekannten Marke auf den Wimpern, die man
erst bei siebenunddreißig Grad wieder abbekommen sollte.

Das Bergische Land begrüßte uns tatsächlich in Weiß –
und das Team hatte sogar Winterreifen auf dem Auto, was
in Köln keine Selbstverständlichkeit ist, da es ja eigentlich
nie schneit.

Während wir uns einen schönen Rodelhügel aussuch-
ten, kam ein leichter Schneeregenschauer auf und wurde
immer intensiver. Genau das wollten wir ja eigentlich. Nur
hatte ich nicht mit dieser Intensität gerechnet! Denn nun
wurde es so heftig, dass mir der Schneeregen das Make-up
buchstäblich vom Gesicht wusch in einer sehr kalten und
dazu noch windigen Art. Es fiel mir schwer, die Augen of-
fenzuhalten, denn naturgemäß wollten sie bei diesem Wind
und Schneeregen lieber dichtmachen. Nachdem ich aber
meine Körperbeherrschung so einigermaßen wieder im
Griff hatte und die Augen auf, konnten sich der Kameramann und sein Assi vor Lachen kaum halten: Mein schöner
und angeblich erst bei siebenunddreißig Grad abwaschba-
rer Mascara lief mir bei etwa null Grad in breiten schwarzen Streifen über die Wangen, und ich sah aus wie ein ganz
trauriger Clown – und konnte mich nach einem Blick in
den Taschenspiegel dem Lachen der beiden nur anschlie-
ßen. Ich finde es wunderbar, die Gewalt der Natur an solch
harmlosen Dingen zu spüren.

Und wahrscheinlich meinte die Firma mit siebenunddreißig Grad eher Fahrenheit, was 2,78 Grad Celsius
entspricht. Das würde das Abwaschen bei Schneeregen
erklären.

Ein anderes Mal wurde ich wieder mal ins schöne Tirol
geschickt. Die Wildschönau, ein Hochtal gleich hinter Kitz-

bühel, weniger mondän, dafür sehr familienfreundlich, war mein Ziel. Die Redaktion wollte in der Woche vor Weihnachten den Zuschauern am Morgen etwas weihnachtliches Gefühl und Vorfreude auf das Weihnachtsfest machen, da es in Deutschland wieder einmal mehr nach Tauwetter aussah.

Ich verbrachte einige Tage dort, wobei ich jeden Morgen irgendwo anders unterwegs war, ob nun mit dem Chef der Rettungshundestaffel und seinem haarigen Begleiter in Kitzbühel, an der Gondelbahn in der Wildschönau oder im Bergbauernmuseum.

Am Vortag des Drehs erfolgt immer eine telefonische Absprache mit der Redaktion und mit dem Meteorologen vom Dienst über die zu erwartende Wetterlage. Es sollte am nächsten Morgen etwa fünf Zentimeter Neuschnee geben. Ich war zufrieden, denn dann wäre alles leicht weiß überzuckert. Entspannt legte mich um zwanzig Uhr ins Bett.

Als ich jedoch nach dem Weckerklingeln früh um drei Uhr aus dem Fenster blickte, packte mich die blanke Panik! Dort lagen nicht fünf Zentimeter, sondern fünfzig! Und das nicht nur auf meinem Auto, sondern auch auf der Straße und allen Zuwegen. Da hatte wohl irgendwer bei der Vorhersage eine Null übersehen.

Ich weckte meinen Mann, der mich glücklicherweise auf dieser Reise begleitete, und schickte den Armen zum Freischaufeln des Autos. Schminken, mit der Redaktion und dem Meteorologen telefonieren sowie Anziehen waren eins, in wilder Reihenfolge. Mein Mann sollte mich zum Drehort fahren, insbesondere da ich noch weiter mit der Redaktion und meiner Wettergrafikerin telefonieren musste. Leider lag das Hotel etwas im Tal. Ich hatte zwar Winterreifen, aber keine Schneeketten drauf, und das Auto rutschte langsam, aber beständig den Berg wieder rückwärts hinunter, statt bergauf zu fahren. Dem Himmel und den Fahrkünsten meines Mannes sei Dank landeten wir nicht im Bach gleich neben der Straße. Aus dem Tal kamen wir auf gar keinen Fall heraus.

Aber wenn die Not am größten, dann ist mitunter auch die Hilfe sehr nah!

Und während mein Mann auf etwas flacherer Strecke wieder wendete, um ins Hotel zurückzufahren, kam ein Winterdienstfahrzeug. Wie in Teenagertagen, nur diesmal mit viel größerer Freude, stellte ich mich trampend an die tief verschneite Straße, die von diesen Engeln gerade geräumt wurde. Sie brachten mich wohlbehalten zum vereinbarten Drehort ins Bergbauernmuseum ein paar Kilometer weiter.

Es schneite den ganzen Morgen große Flocken, und alle waren glücklich über das schöne winterliche Gefühl, das sich mit unseren Bildern einstellte.

Ein wieder anderes Mal war ich in der Eifel in einem Wildtiergehege unterwegs. Der dort arbeitende Falkner gab mir seinen Handschuh und ein kleines Leckerli in Form eines Fleischstückchens für Gaucho. Gaucho war ein Kordillerenadler, der aber offenbar kurzsichtig war, denn er sah das Fleisch nicht richtig. Vielleicht fehlte mir aber auch die Übung oder der richtig Griff. Jedenfalls kam Gaucho erst beim dritten Ruf, dann aber unter dem Applaus der umstehenden Zuschauer, die sich das Spektakel nicht entgehen lassen wollten. Armkraft hatte ich nie sehr viel, Gaucho aber testete mich schwer. Er kam mit einem flotten Schwung an, setzte sich auf meinen Handschuh – und ich konnte nicht glauben, dass Kordillerenadlermännchen nur bis zu 1,7 Kilogramm Gewicht haben sollen. Gaucho fühlte sich dagegen etwas übergewichtig an. Zusammen mit

Gaucho machte ich dann meine Wettervorhersage. Nachdem alles erledigt war, was das Wetter anging, kam ein Mann auf mich zu, der unter den umstehenden Zuschauern ausgeharrt hatte. Er hatte wohl den Mut gefasst, mich zu fragen: »Sagen Sie mal, von den zwei Minuten am Tag können Sie leben?«

Ich muss ziemlich verdutzt geguckt haben.

Ja, diese »zwei Minuten« sind ein ganz normaler Achtstunden-Arbeitstag plus Pause ... und manchmal wird der Arbeitstag auch etwas länger. Mittlerweile bin ich Betriebsratsvorsitzende in unserer kleinen Firma mit siebenhundert Einzellösungen und achte darauf, dass die Arbeitstage meiner Kolleginnen und Kollegen meist nicht länger werden, als es das Arbeitszeitgesetz vorsieht.

Mit der Arbeit der Wettermoderatoren und Meteorologen verhält es sich wie mit der Spitze des Eisberges: Man sieht bestenfalls die zehn Prozent über dem Wasser oder besser, vor der Kamera. Es ist jedoch ein ganz normaler Arbeitstag mit Konferenzen zur Wetterlage, mit Vorhersagen, Briefings, mitunter kurzen Statements vor der Kamera für andere Redaktionen, ja, auch mit einer gewissen Zeit in der Maske, wobei die Frauen dort naturgemäß mehr Zeit verbringen als die männlichen Kollegen.

Ein recht luftiges Wetter gab es 2003 mit einem der weltbesten Extremkletterer und Expeditonsbergsteiger, dem von mir sehr geschätztem Stefan Glowacz. Er war zu Gast bei der kurz zuvor eröffneten Kletterwand an der Rückseite der Skihalle in Neuss. Ich hatte gerade mit Begeisterung den Klettersport für mich entdeckt und steckte noch in den Anfängen (und das übrigens bis heute). Die Möglichkeit, den Zuschauern das Wetter bei Sonnenschein mit einem Rundumblick aus luftiger Höhe und solch einem »Mitspieler« zu präsentieren, wollte ich mir nicht entgehen lassen. Dabei habe ich die Kosten für solche Wetteraktionen draußen natürlich auch immer im Blick. Neuss war ja aber keine Weltreise von Köln entfernt und daher gut machbar.

Das unterscheidet übrigens die privaten von den öffentlich-rechtlichen Sendern. Dort darf es auch schon mal etwas teurer sein. Nicht, dass ich den Kollegen die Reisen nach Nepal ins Mount-Everest-Basislager und in andere Ecken der Welt nicht gönne! Aber in unserer Wetterredaktion kamen einige Fragezeichen auf, als die ARD-Kollegen einmal sogar zum Kilimandscharo flogen. Und müssen gleich zwei Kamerateams nach Tansania fliegen, um beim Aufstieg dabei zu sein? Nur um sich gegenseitig bei der Arbeit zu filmen? Anscheinend gingen die Öffentlichen bei der Reiseplanung auch recht großzügig mit der Personalstärke um.

In Neuss hatte ich meine eigene Kletterausrüstung stolz dabei, und auch der Kameramann war darüber informiert, was wir machen wollten. Er hatte allerdings noch nie in solchen Höhen freischwebend gearbeitet. Diesmal zumindest hatte ich die richtigen Schuhe an, im Gegensatz zu meinem armen Kameramann, den wir mehr hochziehen mussten, als dass er selbst kletterte. Das lag allerdings auch daran, dass er, im Gegensatz zu mir, noch die Kamera festhalten und bedienen musste. Ich habe ihm das hoch angerechnet, und wir können heute immer noch über diesen Ausflug lachen! Auch sein dabei eingeklemmter Ischiasnerv hat sich mittlerweile wieder beruhigt. Die Bilder waren am Ende genauso schön, wie ich sie mir gewünscht hatte.

Noch etwas höher hinaus ging es zu einem Herbstbeginn. Es sollte nämlich die Zugspitze werden. Ab etwa zweitausend Metern kann es zur Höhen- oder Bergkrankheit kommen. Das kann sich in Schwindel, Atemnot, Erbrechen,

Müdigkeit, Tinnitus oder Schlafstörungen manifestieren, manchmal auch fast alles zusammen. Und besonders unangenehm wird es, wenn sich der Körper anfühlt, als liefen Hunderte Ameisen durch die Adern.

Es sollte herausragendes Wetter geben mit einer grandiosen Sicht. Eigentlich hatte ich deswegen den Sonnenaufgang drehen wollen. Der Bahnbetrieb begann aber zu spät für diesen Zweck, daher wollte ich mit dem Team oben übernachten. Auf diese Idee waren aber schon zahlreiche andere Bergfreunde vor mir gekommen, und so waren die Schlafplätze auf der Zugspitzhütte schon alle reserviert. Doch so schnell lasse ich mich nicht entmutigen. Es gibt immer einen Weg – man muss ihn nur finden! Das Team sollte zweckmäßigerweise aus München kommen. So arrangierte unsere findige Producerin im Studio München eine exklusive Übernachtung auf dem Fußboden der Seilbahnstation oben auf dem Berg. Unser Trinkwasser allerdings sollten wir selbst mitbringen. Ebenso die Schlafsäcke für die Übernachtung.

Nur um sicher zu gehen, erinnerte ich die Producerin an die Höhe der Zugspitze und bat, dass sie doch bei der Auswahl des Teams auf die Höhentauglichkeit hinweisen möge. Die Antwort kam etwas überraschend für mich: Wir sind in Bayern doch alle höhentauglich und Berge gewöhnt! Nun, dachte ich, selbst Sir Edmund Hillary, der Erstbesteiger des Everest, hatte in späteren Jahren mit der Bergkrankheit in einer Höhe von 2440 Metern zu kämpfen. Die Zugspitze hat genau 2962 Meter. Das Einzige, was in so einem Fall schnell und nachhaltig hilft, ist ein möglichst sofortiger Abstieg. Wir aber würden über Nacht in der Seilbahnstation bleiben müssen – beziehungsweise dürfen!

Wir fuhren also mit der letzten Bahn nach oben zur Zugspitze. Dort war es alles andere als leer, da sich ja bereits siebzig Bergfexe in der Hütte zur Nacht angemeldet hatten. Wir nahmen ebendort noch ein Bier als nächtlichen Absacker und machten uns auf den Weg in die Station. Es dauerte keine Stunde, da bekam der Kameramann erhebliche Kopfschmerzen, und übel war ihm auch. Aber an dem einen Bier konnte es nicht gelegen haben – es war die Höhe. Ich konnte nicht mehr machen, als ein paar Tabletten reichen, die ich vorsorglich eingepackt hatte. Es war dann nicht die erholsamste Nacht, muss ich gestehen. Der Sternenhimmel und die Einsamkeit in der Station der Zugspitzbahn entschädigten uns jedoch.

Ich liebte meinen Job wieder einmal sehr, da er mir ermöglichte, an solch besonderen Orten zu so ungewöhnlichen Zeiten sein zu dürfen. Mein Schlafsack war warm, der Boden etwas hart, aber meine größte Sorge galt dem Team. Würden wir am Morgen arbeitsfähig sein?

Etwa eine Stunde vor Sonnenaufgang versuchte ich die Jungs zu wecken – und traf auf wenig Gegenliebe. Es dauerte eine Weile, bis mein Wunsch erhört wurde und sie sich zu der für sie ungewohnt frühen Stunde aus dem Schlafsack rollten. Endlich hatten sie Schlaf gefunden, und da kam ich und riss sie aus den Träumen!

Wir drehten schließlich unseren »Wetteraufsager« mit Sonnenaufgang von der Zugspitze. Das Wetter war perfekt, und die Mühe hatte sich gelohnt. Das Schönste nach solch einem frühen Tagesbeginn ist dann immer das Frühstück mit der Truppe danach. Das fand in Anbetracht der Situation der Kollegen jedoch unten, im warmen Tal statt.

Auch vor dem Osterfest sind wir, wenn es sich nur irgendwie vonseiten des Wetters anbietet, oft draußen. Am liebsten mit Tieren wie Osterlämmern und anderen herzigen Gestalten. Unweit von Köln befindet sich ein Genuss- und

Live-Schalte aus dem Ziegenstall

Erlebnishof, auf dem man nicht nur die Tiere hautnah erleben, sondern auch liebevoll gestaltete Produkte der Landwirtschaft kaufen oder einfach nur gut essen kann.

Ein perfekter »Spielplatz« mit vielen verschiedenen Möglichkeiten und Locations für Wetterschalten. Nachdem ich zunächst beim Melken der Ziegen zusehen konnte, durften bei der nächsten Live-Schalte vor Ostern ganz klar auch die Kaninchen nicht fehlen. Leider machen Tiere nicht immer das, was sie sollen, und so konnten wir auch das Kaninchen nur mit Hilfe eines Salatblattes davon überzeugen, einigermaßen ruhig auf meinem Schoß Platz zu nehmen. Liebe geht eben auch bei Tieren durch den Magen.

Ich war live auf Sendung und wollte etwas zum Wetter des Tages sagen. Meine Aufmerksamkeit war also, sagen wir mal, eher bei den meteorologischen Inhalten. Dabei lernt jeder Raubtierdompteur in der ersten Stunde: Tiere brauchen die volle Aufmerksamkeit und Konzentration, sonst geht es schief. Nichts anderes gilt für Kaninchen.

Okay, vielleicht ist die Zeichnung des Fells etwas anders als bei den Raubkatzen, und auch die Zähne, aber das Prinzip ist dasselbe. Das Kaninchen jedenfalls biss mit der vollen Kraft seiner scharfen Schneidezähne vom Salatblatt ab – nur leider war mein Zeigefinger direkt dahinter. Ich, vom Schmerz etwas überrascht, konnte mir ein Au! nicht verkneifen. Aber während mein Blut meine Hose nässte, brachte ich meine Wettervorhersage trotzdem zu Ende. Live ist eben live.

An der Stelle muss ich jedoch das Kleintier in Schutz nehmen. Ich hatte das Blatt nicht flach, sondern senkrecht gehalten, und so konnte es meinen Finger wohl nicht sehen. Denn wie jedes andere war auch dieses Kaninchen Vegetarier. Mea culpa, liebes Kaninchen, ich wollte dich nicht zum Fleischfresser machen! Die nächste Schalte fand dann ohne Tier, aber mit einem dicken Pflaster statt.

Schnee ist im Rheinland eher eine Ausnahmeerscheinung. Schon bei Regen herrscht auf den Straßen und Autobahnen eine Art Ausnahmezustand.

Es war der 30. Dezember, mein letzter Arbeitstag in jenem Jahr, und es hatte geschneit. Oh, das wird heute spannend, dachte ich schon auf dem Weg zur Arbeit. Überall lag Schnee, da bildete auch der Kölner Zoo keine Ausnahme. Die Redaktion von *Punkt 12*, für die ich in jenen Jahren auch das Wetter machte, kam auf die Idee, mich zu den Flamingos zu schicken. Und in der Tat waren sie draußen und froren auf einem Bein. Wir machten eine Live-Schalte mit unserer SNG. SNG steht für *Satellite News Gathering*, bei den öffentlich-rechtlichen Sendern heißt so ein Übertragungswagen Ü-Wagen. Damals waren es noch ziemlich große LKWs, später ging die Übertragung auch mit kleineren und geländegängigeren Vans, und heutzutage reicht ein

Telefon mit einer guten Verbindung, was in Deutschland bekanntlich nicht überall gegeben ist.

Ich hatte bereits seit drei Uhr Frühdienst und wollte nun nach Hause, da kam eine Krankmeldung rein. Denn auch am Abend gibt es nach den Nachrichten und dem Sport ein Wetter. So blieb ich einfach ein bisschen länger. Die Kollegen von *RTL Aktuell* hatten einen etwas nachrichtlicheren Ansatz zum Schnee und wollten gern eine Live-Schalte von einer Station des Winterdienstes an der A1 Richtung Eifel, genauer bei Euskirchen. So fuhr ich mit dem Team, mit dem ich ja schon im Zoo gewesen war, zum Winterdienst an die A1. Bei den winterlichen Straßen und Autobahnen brauchten wir etwas länger als normalerweise üblich, aber wir kamen eine gute Stunde vor der Schalte am Stützpunkt des Winterdienstes an. Im Tagesverlauf war der Schneefall auch schon in Schneeregen und gefrierenden Regen übergegangen. Nun schneite es wieder große Flocken. Der SNG Operator wollte die Satellitenschüssel hochfahren, um den Satelliten anzupeilen. Leider rückte und rührte sich dort aber absolut nichts. Die Schüssel war nämlich mittlerweile vereist und solide festgefroren. Da es schon wieder schneite, war auch mit keiner Erwärmung in den nächsten Stunden zu rechnen. Die einzige Möglichkeit, sendefähig zu werden, bestand in warmem Wasser und gutem Zureden. Hoffentlich noch rechtzeitig, bevor wir um 18.45 Uhr live auf Sendung waren. Der Wasserkocher, der sich an Bord befand, war eigentlich dafür gedacht, einen heißen Tee für uns zu kochen, nun hatte die Technik Vorrang. Wie eigentlich immer die Technik Vorrang hat.

Der SNG Operator begann behutsam die Schüssel zu enteisen, indem er das heiße Wasser über sie kippte. Es war nicht mehr allzuviel Zeit, und ich wurde bereits etwas nervös. Wir schafften es buchstäblich in letzter Minute, die

Schlüssel hochzufahren, den Satelliten anzupeilen und dann live auf Sendung bei *RTL Aktuell* zu gehen. Die Schlagzeilen liefen bereits, wie ich im Ohrstöpsel hören konnte ... und dann waren wir drauf!

In solchen Situationen muss man nur die Nerven behalten – ändern konnte ich es sowieso nicht. Und dann ging ein langer, kalter und schneereicher Tag zu Ende, und wieder war ein Jahr um.

Es ist einfach toll, wenn man mit so großartigen, einfallsreichen und erfahrenen Kollegen zusammenarbeiten kann.

Aber auch im Sommer sind wir unterwegs, dann zuweilen einfach in den Urlaubsgebieten unserer Zuschauer. 2015 hatten wir uns dafür die kälteste und verregnetste Woche des Sommers ausgesucht. Aber viele Urlauber buchen ihren Urlaub schon bei der Abreise für das nächste Jahr und wissen, trotz App und bester Wettervorsage, auch nicht, welches Wetter sie in einem Jahr erwartet.

Der nachhaltigste Drehtag war an der Nordsee. Wir wollten eigentlich etwas Kitesurfen gehen. Wind war da, besonders die kräftigen Böen, da sich eine Gewitterfront angekündigt hatte. Wir wollten unser Glück versuchen und liefen, nachdem wir am Strand die erste Schalte gemacht hatten, mit dem Team und einem Betreuer raus ins Watt. Zumindest so weit, dass wir noch mit dem Handy Empfang hatten und senden konnten. Plötzlich aber setzte ein Schauer ein, und auf einmal waren die Blitze am Horizont nicht mehr zu übersehen. Natürlich bildeten wir die höchsten Erhebungen weit und breit zwischen Schlick und Wattwürmern. Unser Betreuer drängte uns, zum Strand zurückzugehen. Im Rückzug, gewissermaßen beim Laufen, konnten wir aber noch die Wettervorhersage machen. Live

Dem Gewitter im Laufschritt entkommen!

ist eben live. Aber es ging gut aus, und die Blitze entschieden sich für die armen Wattwürmer.

Zu den schönsten Erlebnissen zählen die Almabtriebe, die wir im September öfter in der Wildschönau in Tirol erleben konnten. Auf der Alm in eintausendvierhundert Metern sitzend, nach einem elendkalten Arbeitsbeginn um vier Uhr früh Ende September, zwischen Kuhfladen und freundlich-offenen Tirolern, die wärmende Morgensonne genießend, die sich gerade müht, zwischen den steinigen Felsen ihren Weg zum Aufgang zu finden, einen Becher Kaffee in den sich langsam wieder erwärmenden Fingern – als Krönung mit Milch vom Tiroler Grauvieh, das nur wenige Meter abseits friedlich grast und weiter fleißig die Milch für den nächsten Morgen und den köstlichen Käse produziert – das sind Sternstunden meines Lebens als Wetterfee.

Es gibt noch viele andere Geschichten ... von Schafen, die sich nie dahin stellen wollten, wo ich sie haben wollte. Besonders Tiere sind immer eine Herausforderung an Spontanität und Kreativität.

... von Live-Schalten auf der Bootsmesse in Düsseldorf, bei der ich plötzlich durch die gestörte Funkstrecke in der Messehalle mit meinem Ohrstöpsel weder eine Verbindung nach Köln hatte, noch ein Sendebild sehen konnte und alles im »Blindflug« machen musste.

... von Live-Schalten mit bajuwarisch-zünftigen Isar-Flößern, die im Vorgespräch ohne Kamera noch sehr gesprächig waren und sich wenige Minuten später beim Live-Wetter, zu meiner großen Überraschung, kaum noch einsilbig äußerten.

Und ganz bestimmt kommen in Zukunft noch viele neue Geschichten dazu. Das ist das Schöne am Wetter: Draußen, in der freien Wildbahn, wird es nie langweilig!

Danksagung

Ohne die Zuschauer, die mir zum Teil seit Jahrzehnten die Treue halten, wäre dieses Buch nicht nur halb so dick geworden, da ich nur auf die Geschichten zurückgreifen könnte, die ich privat erlebt habe, nein, das Buch wäre wahrscheinlich gar nicht erst zustande gekommen.

Ich danke Ihnen, dass Sie es mir ermöglicht haben, mein Leben so zu führen, wie ich es eigentlich nicht geplant hatte (Wer plant schon »Wetterfee« zu werden?), aber welches mir bis zum heutigen Tage viel Freude bereitet.

Diese Freude am Leben versuche ich jeden Tag zurückzugeben.

Eulenspiegel Verlag –
eine Marke der Eulenspiegel Verlagsgruppe Buchverlage

ISBN 978-3-359-01393-8

1. Auflage 2019
© Eulenspiegel Verlagsgruppe Buchverlage GmbH, Berlin
Fotos: © Patrice Venne, One Dream Production

Umschlaggestaltung: Buchgut, Berlin, unter Verwendung
eines Fotos von One Dream Production
Printed in EU

www.eulenspiegel.com